淨相

金剛乘修行的生起次第與圓滿次第

頂果・欽哲法王———講授
那瀾陀翻譯小組———輯錄
劉婉俐———中譯

雪謙文化

目次

頂果・欽哲・揚希仁波切長壽祈請文

嗡 吉祥

無邊勝者法嗣之恩慈

稀有三根本尊加持力

殊勝上師**悲智**大寶藏

如願化現無比化身尊

鄔金怙主無畏持教者

無偏經續傳承十方勝

蓮足不壞堅固金剛界

利樂所願無勞**任運**成

　　為了吉祥之故，偉大金剛持、怙主頂果・欽哲的珍貴殊勝轉世，由勝者主尊、皈依怙主、輪涅導師（至尊達賴喇嘛）仁慈賜名，並在瑪拉蒂卡（Maratika）的長壽岩洞獻予莊嚴法袍。同時，語自在・法慧（Vagindra Dharmamati）、名為夏杜・楚璽的迷惘比丘，以專一願心在吉祥木豬年十一月上弦初八殊勝日（西元 1995 年 12 月 29 日）寫下並獻上此長壽祈請文。

誌謝

　　頂果‧欽哲仁波切曾到過北美三次，以弘傳佛法。他最後一次的旅程，是為了主持其弟子尊貴持明邱揚‧創巴仁波切的茶毗大典，在1987年5月26日於佛蒙特州的巴涅特（Barnet）舉行。那時，欽哲仁波切仁慈地慨允了我們的邀請，留在北美，為各地的僧團廣泛傳法。

　　在這些造訪中，仁波切給大眾開示，也給僧團的所有成員傳法。當這個對我們來說是極為悲傷且辛酸的時刻，透過論及各種主題每天兩次的法教，欽哲仁波切給了大家真正無盡的珍貴甘露之流、佛法的無死甘露。這本書就是他在1987年6月17日至20日期間，於科羅拉多州博德市（Boulder）的噶瑪宗社區給予金剛乘教授的紀錄。

　　這些法教由尊貴的祖古‧貝瑪‧旺嘉（Tulku Pema Wangyal）口譯，欽哲仁波切以一種無縫法教之流的方式講述，在讓出時間給翻譯之前，至少長達二十至三十分鐘之久。祖古仁波切以其穩定、清楚、與令人著迷的記憶力回述了欽哲仁波切的話語，精采絕倫，但他強力建議我們若要以英文出版，必須先把全部的法教重新翻譯過。牢記他的建言在心，我們很幸運地找到欽哲仁波切的資深弟子金巴‧帕嫫尼師（Ani Jinba Palmo），願意承擔這項計畫。

　　金巴尼師在1991年的夏天於她的故鄉荷蘭完成了初稿，毗盧遮那

翻譯小組的成員做了編輯的工作，金巴尼師也密切請益以便進一步潤飾譯稿而付梓。謝拉・秋津（Sherab Chödzin）和史考特・維能巴赫（Scott Wellenbach）是主要編輯，賴瑞・孟梅斯坦（Larry Mermelstein）從旁協助，也負責排版。

本書一開頭的獻詞，其實是欽哲仁波切的「揚希」、「乘願再來之人」的長壽祈請文，由楚璽仁波切所作；他是欽哲仁波切最資深且最有成就的弟子，也是認證他所敬愛上師轉世的上師。

我們深深感謝金巴尼師對欽哲仁波切難懂口音與法教義理的慎重處理與了解。我們也要感謝賀柔・貝秋茲（Hazel Bercholz）的構圖設計與對成書的建議。

我們最為感謝雪謙・冉江仁波切的承許，讓這些法教能夠提供給可稱得上是金剛乘修行者的人。此次出版的部分所得，將挹注欽哲仁波切佛行事業的實現，特別是他位於尼泊爾加德滿都波達區（Boudhanath）的寺院雪謙・滇尼・達傑林（Shechen Tennyi Dargye Ling）。

譯序

　　《淨相：金剛乘修行的生起次第與圓滿次第》和《本淨：《椎擊三要》口訣教授》這兩本書，是三十年前的夏秋之際，頂果法王在北美主持邱揚·創巴仁波切荼毘大典後傳授予其僧團而結集成書的系列法教。時至今日，這些法教依舊鮮活如昔、精闢直指，毫無任何時空的隔閡。

　　在《淨相》中，頂果法王依序解說了金剛乘生起次第與圓滿次第的要點，包括：生起次第的基礎與前行——灌頂的類別、內容、和涵義；生起次第的儀軌修持與核心——寧瑪派不共法教的三三摩地（如是三摩地、遍照三摩地、因三摩地），與佛三身（法身、報身、化身）的對應等；以及圓滿次第的修行——以六種中陰為主的教授；最後，以金剛薩埵儀軌為例，闡示了生起次第觀修的三大要點（觀想細節、憶念清淨、和本尊佛慢）與四釘（顯相為本尊之釘、持誦咒語之釘、不變見之釘、和行持事業之釘）。除了把生起次第與圓滿次第的內涵，以一個完整的修道次第清楚呈現外，法王也詳細解說了在這些次第中所涵攝的清淨、圓滿、成熟等作用，佛教傳統各種相應的譬喻，以及新譯派與寧瑪派傳承的些微

差異等。

　　以《淨相》所述的生起次第與圓滿次第為基礎，《本淨》則以大圓滿法《椎擊三要》的「立斷」之見為本，從見、修、行的角度，分別詳述了大圓滿法的修持要點，將口訣、名相、法義、與傳承巧妙地扣合在一起，一氣呵成地指出見（認出、本淨）、修（決定、分辨）、與行（自解脫）的密切連結，顯示基、道、果的一體相融。大圓滿祖師極喜金剛所傳下的《椎擊三要》口訣，歷來被視為寧瑪派大圓滿法的經典珍寶，民國初年即有漢譯，近年來也多有高僧大德講說、弘傳。在《本淨》一書中，頂果法王親述的《椎擊三要》法教，曉暢易懂，卻又櫛次謹嚴、深廣奧妙，實是大圓滿法行者在聞、思、修中的必備法炬。

　　附帶一提，近幾年由雪謙文化出版，從頂果法王伏藏法《明示甚深道：《自生蓮花心髓》前行釋論》的前行法教，到《淨相》的生起次第與圓滿次第修持，最後到《本淨》中的大圓滿法，已然勾勒、提供了一套完備的修道體系。有心追隨、依教實修的法友，請務必在藏傳佛教具德上師的指導之下，接受灌頂、口傳、與講解，循序漸進地進行各次第的修持。如此一來，這些法教中的甘露指引，才能如法、有效地融入我們的心中與修行中。

　　做為對頂果法王的頂戴禮敬，在雪謙‧冉江仁波切的開許之下，繼英文版的《淨相》和《本淨》於歐美面世後，中譯本也旋即迻譯出

版。書中若有任何貽誤之處，皆屬譯者力殆，尚祈上師三寶與護法寬宥。祈願藉此珍貴法寶的公開、傳揚，能讓正法久住、聖教不衰，更願具德上師常轉法輪，有緣眾生早日解脫輪迴、速證菩提。

2017 年初秋，頂果法王圓寂 26 週年前夕
劉婉俐謹誌於台北

第 一 章

四種灌頂與三三摩地

四 種 灌 頂

前幾天我向所有的弟子解說了佛法共的修道次第，現在，我將解說的是不共密咒金剛乘的義理。

本質上，密咒金剛乘可以從基、道、果的角度來理解。關於基，一切眾生的心都具有如來藏。在心的種子裡，住著佛果的體性，超越了聚、散。猶如油存在於芥子中，或稻子與大麥具有從種子成熟的潛能，同樣地，一切眾生從無始以來就具有基的潛能，毋須再被創造。假如某人有黃金，並把黃金埋藏在地底，就無法使用它。同樣地，即使我們具有基的潛能，假如沒有了悟這點，僅是擁有基也幫不了我們。佛陀所教導的一切佛經和密續，都是為了證得這個基之潛能的法門。總結所有佛陀的法教，我們可以把它們分為以因為道的顯宗，和以果為道的密咒金剛乘。

何謂「以因為道」？一切眾生的內在都具有潛能、如來藏。透過正確的法門，如來藏可以逐漸地成熟。透過三大阿僧祇劫有念福德與無念智慧的積聚與六度的依止，吾人將證得勝義的果，也就是佛果。這就是顯宗，以因為道。

何謂密咒乘以果為道？基、法性的體性、具如來藏的內在覺性，從無始以來就具備三身的功德。把佛行事業帶入道上的果，且嫻熟於這麼做，就是佛身與淨土化現。藉由把佛身與淨土的果帶入道上，殊

勝士夫能在一生中成就如來藏、佛果的究竟狀態；中等士夫能在三生
或七生中如此成就，這就是密咒金剛乘如何以果為道的所在。

　　本質上，密咒乘可分成三類：灌頂，是大門；生起次第與圓滿次
第，能帶來解脫；和三昧耶[1]，猶如善友。假如吾人想要進入一間房子
或一個大飯店，吾人必須從門口進入。同樣地，假如吾人想要進入密
咒乘，首先吾人需要灌頂。僅是直趨地修持金剛乘，並閱讀關於生起
次第和圓滿次第之金剛乘教授的典籍，吾人並沒有接受到灌頂。藉由
研讀典籍並思惟法義而沒有灌頂，不可能獲得共通成就與殊勝成就的
果。因此，在密咒乘中，沒有灌頂的依止，就沒有成就可言。吾人需
要灌頂。當灌頂已經成熟了吾人的心時，修持生起次第與圓滿次第就
構成了密咒乘道的修持。

　　什麼是灌頂的功德？這叫做「成熟灌頂」。成熟了什麼？一切眾
生都具有如來藏的潛能，如來藏也就是心的自性；成熟這個潛能的方
法，就是成熟灌頂。只要吾人還沒有接受成熟灌頂，就不可能獲得共
通與殊勝的成就，即使吾人具有如來藏。打個比方，假如吾人有砂
子，無論吾人再怎麼擠壓，都不可能得出油。但假如吾人擠壓一個小
小的白芥子，就會得到油。一切眾生就像是芥子，自身具有如來藏。
但假如吾人沒有接受灌頂，這個潛能——油——就不能顯現。

1　譯注：誓句之意。

如同金剛持佛所說：「那些還未得到灌頂的人，不允許閱讀密咒乘的典籍。」假如吾人還未接受灌頂而閱讀這些典籍，就不能獲得共通與殊勝的成就。接受灌頂猶如拿到簽證：讓吾人能聽聞、禪修、與成就金剛乘的法教。假如吾人接受了灌頂且沒有破犯三昧耶，即使吾人沒有修持生起次第和圓滿次第，僅是接受了灌頂，業和蓋障也會被清淨，共通與殊勝成就的潛能也會增長。接受了灌頂就猶如成為國王的兒子：既然此子屬於王室，無論他好或壞，永遠都會被視為是王子。同樣地，某人接受了灌頂就會被視為是諸佛的兒子。

在灌頂中，有前行的部分與實際的灌頂。為了前行，吾人需要一個出彩砂做成的壇城或是 個彩繪的壇城。僅是看過這個壇城，即使是五無間重罪都會被清淨。那些接受了灌頂的人，就能夠清淨累積至今的所有的惡行與蓋障。假如吾人接受了灌頂，沒有破犯三昧耶，並視自己的上師為壇城中的主尊，如金剛持或金剛薩埵，透過對吾人從其接受灌頂的信心，吾人在下一生中將會投生為人或天人。就像蓮師所說：「假如吾人每年接受一個灌頂，一百年後吾人就會接受了一百個灌頂，即使吾人投生為畜牲，吾人也會是一頭非常強大的畜牲。」假如吾人每年接受一個灌頂，透過這些灌頂，吾人的福德與風馬[2]都會增

2　譯注：風馬，藏文稱 klung rta，有許多層面的涵義，可以指好運、空大、
　　與內在風息等。

上，且吾人的蓋障會被清淨。當那些受灌頂的人去世後，即使他們投生為畜牲，也會出生為強大的畜牲，如獅子或大象等；他們永遠不會投生成為弱小或低等的畜牲。假如吾人現在接受了許多灌頂，即使吾人沒有修持生起次第與圓滿次第，假如吾人持守三昧耶，在死亡時，吾人將會投生在密咒教義興盛之處。然後吾人又可再接受灌頂，修持密咒乘，並在七生中證得佛果。這些都是灌頂的功德。

灌頂的口傳需要一位具德上師來傳授，與一位具格的弟子來接受。假如傳授灌頂的上師不是具德上師，且他在給灌頂時假裝具備了必需的功德，上師和弟子都會雙雙墮入地獄。什麼是具德的上師？他必須是進入了密咒金剛乘的壇城，且對生起次第與圓滿次第具有信心的人。假如他有弟子，他必須以大悲心來照看弟子，想著要讓弟子遠離輪迴的下三道，並把他們安置在密咒乘的修道上。假如他是這樣的人，他就有資格傳授灌頂。

假如弟子不是一個具格的法器，就像是把純淨的水倒入一個骯髒的容器中。就這樣，水被污染了。同樣地，即使一位具德上師傳授了如法的灌頂，假如接受灌頂的弟子沒有對密咒乘和上師具虔誠心，也沒有持守三昧耶，弟子和上師雙雙都會墮入下三道。所以灌頂只能由具德上師傳授給具格的弟子。

在灌頂中有四種灌頂，每一種都有前行、正行、和結行。四種灌頂的次第，必須依照順序來完成。舉例來說，假如是大灌頂，首先，

傳授灌頂的上師，必須是修持了本尊金剛薩埵持誦或任何所傳授三根本本尊的具德上師，他必須已經證得了生起次第與圓滿次第的成就。而具格的弟子必須向上師祈請賜予灌頂，然後上師應允這麼做。假如這些條件都具備了，就可以傳授灌頂。假如是大灌頂，就包含了前行和正行的灌頂。

何謂前行？舉例來說，假如吾人正要把美食放進容器中，這個容器得先徹底清乾淨與洗淨。假如食物放進了這樣的容器裡，就不會被糟蹋了。同樣地，弟子的心必須被清淨才能準備好接受灌頂，這就像是把容器清乾淨──這是前行。

前行有二個部分：本尊的前行、弟子的前行、和寶瓶的前行。關於本尊的前行，舉例來說，假如吾人想要邀請一位政府大臣，吾人得先送出邀請函，表明在某一天的某個時刻，請這位大臣來做某些事情。同樣地，吾人需先告知本尊在如此這般的時間內，吾人要傳授灌頂給如此這般的弟子，以便利益這個弟子。這麼做之後，上師就開始修持並持誦本尊咒語，並請求本尊承許傳授灌頂。

現在讓我們談一下寶瓶的前行。在灌頂中所使用的主要物品就是寶瓶。寶瓶必須先開光；不然，就不適合給予灌頂。替寶瓶開光就叫做寶瓶的前行。

在寶瓶的前行之後，弟子陸續接受四個不同的東西。首先，會給予弟子一根齒木，以清淨身的蓋障；然後給予開光過的淨水，以清淨

語的蓋障；之後給予五色的金剛結，以清淨意的蓋障；最後，給予吉祥草，當做一個與佛陀關連的吉祥表徵，因為佛陀在吉祥草的座墊上獲得證悟。這些前行在主要灌頂的前一天完成，且做為前行的果，弟子在夢中會得到指示，看是否已準備好接受灌頂。上師應該向弟子解說接受佛陀的法教是如何珍貴，且弟子能進入密咒乘的修道是如何幸運至極。透過上師講解在密咒金剛乘中，僅是見到壇城，投生在下三道的胎門就會被遮止，且吾人的業障就能被清淨，弟子會增長信念與信心，並期望能接受如此甚深的灌頂。這些都是灌頂的前行次第，透過這些次第，弟子能成為適合的法器。

　　四種灌頂的次第符合了密咒乘的四部密續：事部、行部、瑜伽部、與無上瑜伽部。根據事部密續，這是密咒乘的初乘，所給予的灌頂如下：吾人觀想本尊在寶瓶內，從本尊的身體降下甘露，甘露從寶瓶溢出，這就是淨水灌頂。做為五方佛功德的徵兆，則給予寶冠灌頂。淨水灌頂與寶冠灌頂都是事部的灌頂。

　　之後，根據行部密續，除了淨水灌頂和寶冠灌頂之外，還有金剛杵灌頂，這是一切諸佛的心意灌頂，是樂空不二的體性。以這些話語：「既然你已進入了密咒乘，這就是你的法名。」給予弟子毘盧遮那佛的法名灌頂。金剛杵灌頂和法名灌頂都是行部的灌頂。

　　之後，在瑜伽部密續裡，有五個與五方佛相關的灌頂。共的五個灌頂是一切諸佛身、語、意、功德、和事業的面向。佛的身部是毘盧

遮那佛；佛的語部是阿彌陀佛；佛的意部是不動佛；佛的功德部是寶
生佛；和佛的事業部是不空成就佛。為了象徵這五佛而有五個灌頂：
與不動佛關連，吾人接受了寶瓶中的水，稱為不動佛的淨水灌頂；與
寶生佛關連，吾人接受了寶冠，稱為寶生佛的寶冠灌頂；與一切諸佛
語的部主阿彌陀佛關連，吾人接受金剛杵，稱為阿彌陀佛的金剛杵灌
頂；與不空成就佛關連，吾人接受了鈴，稱為不空成就佛的鈴灌頂；
與毗盧遮那佛關連，吾人接受了金剛杵與鈴，並給予密咒乘的法名，
稱為毗盧遮那佛的法名灌頂。除了這五個，吾人也接受秘密口傳的灌
頂和結束的圓滿灌頂，這些都是瑜伽部密續的灌頂。以上這三部稱為
外三續。

　　相較於無上瑜伽續，外三續的見、修、行與生起次第和圓滿次
第，都有所侷限，沒有像無上瑜伽續那麼甚深與廣大。這兩者可比喻
為一間屋子的內和外：重要人物如大臣等等，都待在屋子裡，比較不
重要的人就待在外頭。因此事部、行部、和瑜伽部的密續被稱為外
密。而內密、無上瑜伽續則包含了父續、母續、和無二續。父續是大
威德（Yamantaka）與密集金剛（Guhyasamaja）系列，主要降伏瞋；
母續是勝樂金剛續（Chakrasamvara）和喜金剛續（Hevajra）；而無二
續，是父續和母續的合一，是時輪金剛續（Kalachakra）。

　　根據密咒乘的寧瑪派傳承，基是瑪哈瑜伽、道是阿努瑜伽、與

果是阿底瑜伽[3]。雖然名相稍有不同，但意義卻是相同的。在瑪哈瑜伽中，主要的密續是《秘密藏續》（*Guhyagarbha Tantra*），藏文稱《幻化網秘密藏》（*Gyütrül Drawa Sangwa Nyingpo*），有著與顯有吉祥關連的八部等。在阿努瑜伽中，有措千度巴（Tsokchen Düpa）[4]的灌頂，圓俱了九乘（這九乘與一般的分類稍有不同，初乘是人天乘，接著是前八乘，阿底瑜伽並不包括在其中）。阿底瑜伽又分為外的心部（藏文：sem de）、內的界部（藏文：long de）、和密的口訣部（藏文：men-ngag de）。這些是密咒乘的內三密、無上瑜伽續。無上瑜伽續的灌頂有四種灌頂：寶瓶灌頂、秘密灌頂、智慧灌頂、與文字灌頂。

　　以寶瓶灌頂來說，如同事續和行續所教導的，吾人觀想在寶瓶中的本尊壇城。在寶瓶灌頂的過程中，透過清洗吾人的四肢，吾人接受了與五方佛相關的灌頂。在秘密灌頂中，從本尊的身體流出菩提，與顱器中的甘露混合，這就是秘密灌頂。在智慧灌頂中，從本尊的心間放出大樂之光，增長了吾人身上樂空不二的三摩地。猶如花瓣在陽光的照射下綻放，當我們接受了這些光芒時，樂空不二的智慧便在我們的心中增長，這就是智慧灌頂。第四個灌頂、文字灌頂，則指引弟子如是的心性。

3　譯注：瑪哈瑜伽、阿努瑜伽、和阿底瑜伽為音譯，意譯為大瑜伽、無比瑜伽、和大圓滿。

4　譯注：措千度巴的藏文意指「大薈總集」。

　　寶瓶灌頂必須依止由彩砂所造的壇城來傳授。假如沒有彩砂的壇城，吾人可以使用彩繪或白描的壇城。為了祕密灌頂，金剛上師要觀想其自身是壇城本尊，例如勝樂金剛，想著身上的各個地方是二十四處勇父與空行的聖地。因此祕密灌頂是以金剛上師的身體為所依而傳授。智慧灌頂是以明妃之樂為所依而傳授。文字灌頂則以勝義智為所依而傳授。

　　寶瓶灌頂所清淨的是什麼？主要是清淨了身的蓋障。無論修持的壇城本尊為何，此本尊的身加持都會進入吾人的身體。在秘密灌頂中，清淨了語的蓋障，且壇城本尊的語加持進入了吾人的語之中。在智慧灌頂中，清淨了吾人意的蓋障，且壇城本尊的意加持進入了吾人的心中。在第四灌頂中，清淨了吾人身、語、意結合的蓋障，且智慧加持，即壇城本尊身、語、意合一的本性，進入了吾人的心中。

　　在這些灌頂中，有許多不同的類別。甚深密續中有一個極為著名的大灌頂，就是時輪金剛的灌頂。根據時輪金剛之見，有七個外灌頂，這七個外灌頂就像是前行。舉例來說，一個新生的嬰兒應該只會吸吮母親的奶水，而不能被餵食固體的食物。當他成長時，就能慢慢地吃些水果和甜食。假如給這個嬰孩米、肉之類的固體食物，他也沒辦法消化。這就像是寶瓶灌頂的七個外次第。之後，有三個內的世間灌頂，這些是給比較資深弟子的灌頂，可比喻為給長大的小孩米和肉食，這些灌頂近似於前述的秘密灌頂與智慧灌頂。然後有超越世間的

灌頂，是第四灌頂、文字灌頂，這是成為時輪金剛怙主的灌頂，只傳授給那些有能力向他人解說密咒乘密續的人，且秘傳不宣。所以共有十一個灌頂：七個外灌頂、三個內的世間灌頂、和超越世間的灌頂。現今這些灌頂只能由至尊達賴喇嘛和上師卡盧仁波切來傳授。

　　根據密咒乘的瑜伽部傳承，密續是瑪哈瑜伽、口傳是阿努瑜伽、而果是阿底瑜伽。主要的密續是《秘密藏續》，分為寂靜部和忿怒部，有四十二位寂靜尊和五十八位飲血的忿怒尊。這些文武百尊的灌頂是透過以下十八個灌頂來傳授的：十個外的利益灌頂、五個內的增盛灌頂、和三個密的甚深灌頂。十個外的利益灌頂，可比喻為前述解說過的寶瓶灌頂次第，給予弟子十八個不同的灌頂物。至於有何利益，舉例來說，假如一顆種子被放進地裡，雨水會幫助種子生長。同樣地，起初傳授十個外灌頂，可幫助弟子清淨蓋障，讓弟子成為可灌頂的適當法器。這些灌頂讓弟子準備好修持生起次第和圓滿次第，這就是十個外灌頂的利益。

　　現在讓我們談一下五個內的增盛灌頂。當吾人在地上種植大麥或稻米，其種子具有發芽的潛能。在《秘密藏續》中，五個內的增盛灌頂是讓種子增長的潛能。這五個內的增盛灌頂是哪些？對於只能夠修持自利的弟子，有聽聞所有密咒乘密續的灌頂和修持生起次第與圓滿次第三摩地的灌頂；對於能夠利他的弟子，有兩個為了息、增、懷、誅事業的事業灌頂，大的事業灌頂和小的事業灌頂；對於能夠自利利

他的弟子，有成熟一切眾生心續潛能的灌頂，稱為「無盡金剛王口傳」。

這些外的利益灌頂和內的增盛灌頂，能夠成熟一切眾生心續的灌頂潛能，但比這些更為甚深的，是三個密的甚深灌頂。在印度，假如弟子沒有圓滿寶瓶灌頂的生起次第，是不會給予秘密灌頂、智慧灌頂、與文字灌頂的。當寶瓶灌頂的生起次第圓滿時，就會傳授秘密灌頂、智慧灌頂和文字灌頂，且弟子能夠修持其壇城的圓滿次第：即拙火瑜伽、夢瑜伽、幻身、中陰等等。三個密的甚深灌頂能夠讓弟子修持這些圓滿次第。所以，根據《秘密藏續》的傳承，有十八個灌頂：十個外的利益灌頂、五個內的增盛灌頂、和三個密的甚深灌頂。

阿努瑜伽的口傳有措千度巴的灌頂，這是一個九乘的灌頂。要傳授這九乘灌頂需要十個外灌頂、就像寶瓶灌頂；然後是十一個內灌頂，等同五個內的增盛灌頂；之後是十一個灌頂，與三個密的甚深灌頂相似。措千度巴灌頂還有兩個密的圓滿灌頂，所以總共是三十六個內密阿努瑜伽的灌頂。

在大圓滿、阿底瑜伽中，有詳盡的寶瓶灌頂、簡要的秘密灌頂、極簡、與最極簡的灌頂。寶瓶灌頂、秘密灌頂、智慧灌頂、和文字灌頂的傳授，是以這四種灌頂為所依。在密咒乘的密續中，這些稱為上師口耳教授的灌頂。

還有一種灌頂稱為本尊加持的灌頂。當密咒金剛乘的教義一開始

出現在南瞻部洲時，國王札在夢中見到西方有七個祥瑞的夢兆。密續的典籍降落在他宮殿的屋頂上，當他翻閱這些典籍時，他可以了解講述「金剛薩埵禪觀」那個章節的涵義。修持了六個月之後，他有了一個親見金剛薩埵的禪觀，那時他就了知一切密續的義理。這就是本尊加持的灌頂。

　　然後有金剛空行母指示的灌頂，這是什麼灌頂？大成就者如帝洛巴（Tilopa）、薩哈拉（Saraha）、龍樹等，去到了鄔金國（Uddiyana）的空行淨土，並見到了密續典籍的伏藏。當他們離開時，帶走了所有勝樂金剛典籍和其他的密續。空行母神變地追上他們以保護這些典籍，但大成就者絲毫不受這些神通的影響，且空行母了悟到薩哈拉、龍樹等人是成就的大師，能夠持守與傳下密咒金剛乘的法教。於是空行母便承許與指示，在南瞻部州要如何傳授生起次第與圓滿次第的灌頂與法教給具格的弟子。這就是空行指示的灌頂。

　　然後有自性的灌頂。關於內在智慧灌頂的了悟、第四灌頂的意義，所云：「殊勝灌頂是我們自身已有的某個東西，假如我們自身沒有這個殊勝的灌頂，就不可能傳給我們，猶如無法傳授一顆豆子的灌頂給一粒米。」當吾人了悟心的自性，就是接受了吾人自身本覺的灌頂。因此也就接受了密咒乘的灌頂。

　　這就是新譯派與寧瑪派密續傳承如何傳授灌頂的概要，這些都是廣軌的灌頂。四種簡軌灌頂可以僅用一個寶瓶或一個食子為所依來傳

授。昨天我給的《金剛薩埵秘密心髓》（藏文：*Sangtik Dorsem*）灌頂，就只以寶瓶為所依物。在《上師成就法》（*Guru Ladrup*）的灌頂中，四種灌頂的傳授只以食子為所依物，之後有身、語、意的加持灌頂，就像是一種承許；而咒語的灌頂則專注在覺性之上。這一切的灌頂都依然存在，而沒有被竄改。

　　所有聚集在此的不共弟子可能都從創巴仁波切那兒，接受過了金剛瑜伽母或勝樂金剛的灌頂，並對這些法具有信心。現在你們將接受《三寶總集》（藏文：*Könchok Chidu*）與《心髓三根本》（藏文：*Nyingthik Tsa Sum*）的灌頂，這兩者都有四個層級的灌頂。假如你稍微了解灌頂的意義，當你在接受灌頂時就會知道咒語並清楚地進入。在灌頂期間你應該要想著：

　　「這是寶瓶灌頂，身的加持進入了我的心中，跟身相關的三昧耶破犯得以還淨；這是秘密灌頂，語的加持進入了我的語，跟語相關的三昧耶破犯得以還淨，我可以證得報身；這是智慧灌頂，意的加持進入了我的心中，跟意相關的三昧耶破犯得以還淨，我可以證得化身；這是第四灌頂，我被指引了心性，所有跟身、語、意相關的三昧耶破犯都同時還淨，且上師的智慧心與我的心融合為一。」

　　在灌頂期間上師給予弟子不同的灌頂所依物，假如弟子認出且對

這些次第具有信心，就會有很大的利益。這是灌頂的簡要講解。

生 起 次 第

　　當吾人的存在被灌頂所成熟時，吾人應該修持生起次第和圓滿次第的修道。一般來說，三界中的眾生被困在生、死、與中陰的現象之中。在密咒金剛乘中，對應的是果，生的現象是化身、死的現象是法身、而中陰的現象是報身。吾人把這三種狀態，當做佛三身的本性來加以薰習。

　　在這個世間有世俗諦和勝義諦，一切現象都從這二諦的角度來理解。在密咒乘的修道上，世俗諦是生起次第，而勝義諦是圓滿次第。在這兩者中，較為甚深的是圓滿次第。但假如在圓滿次第之前未修持生起次第，圓滿次第就不會有所利益。且假如某人想要修持密咒乘而沒有接受灌頂，他就不能修持生起次第。一旦他接受了灌頂，就能夠修持生起次第。生起次第的前行是灌頂。當吾人如法地修持生起次第，就能接受圓滿次第的法教，所以圓滿次第的前行是生起次第。當吾人圓滿了圓滿次第，即成就了果。

　　生起次第對應的是世俗諦、世俗的顯相，例如：這個世間、外的世界、內的居住者、和情緒等。眾生有地方、身體、和經驗等的概

念。關於地方的概念，假如這是地獄道，眾生對地獄的感知就是冷的或熱的；假如這是餓鬼道，他們會感知到恐怖的醜陋、荒涼之地；假如這是畜牲道，他們感知到大海、水、草、樹木等等；假如這是人道，他們感知到不同的家；假如這是阿修羅道，他們感知到種種宮殿和滿願樹；假如這是天道，他們感知到在須彌山頂的滿願樹、珍寶的大地等。這就是地方。

在這些地方裡是六道眾生的身體。假如只有身體而沒有心，身體就不能運作。當身、心結合，身和語就會追隨著心，如同僕人般，以這種方式眾生創造了業。有了身和心的所依，眾生造作了善行和惡行，這就叫做迷妄的概念。

這些概念是如何變成迷妄的？世界和其中的居住者並不是真的存在。他們就像是天空的彩虹，但我們緊抓這些現象，把他們當成是存在的。而且，我們也緊抓死亡是不存在的，並攀附在這個身體會長久持續下去的想法上。所以我們抓住了無常的事物，當成是常，並攀附在實則無我的自我上。對某個喝醉酒的人來說，似乎大地正在旋轉著，但這只是他的酒醉概念罷了，大地並沒有旋轉。同樣地，我們抓住了世界、其中的居住者、和情緒等顯相，認為這些是存在的事物，然而事實上這些並不存在，這些只是我們的妄念。外在的世界——須彌山、各大洲、和各小洲；其中的居住者——六道眾生；以及五毒——煩惱——都應該透過生起次第來清淨。

　　為了要透過生起次第來清淨這些妄念，首先吾人應清淨世界。世界的逐漸形成如下：在底部，有空大；其上方，是風大；其上，是火大；其上，是水大；其上，是地大；而其上方，是須彌山與大海。假如沒有虛空，就不可能創造出這些。當世界被毀壞時，便再次消融入虛空中；世界從未超越虛空的本性。正因為其本性沒有超出虛空的本性，世界和其居住者從虛空中被創造出來，從中生起了受用和快樂。正因為虛空是無盡的廣大，世界不可能放不進虛空中，虛空也不可能被世界和其內容物的顯相所塞滿。假如沒有了虛空，世界就不會顯現。

　　以空性為依止，世界和其內容物顯現出來，但他們不能只基於空性就顯現。是因為緣起，所以我們感知到世界和其居住者，即使其本性是空性。舉例來說，在夏天，土地因為太陽而溫暖起來，有清涼雨水、花木扶疏，萬物看起來是愜意的。在冬天，大地冰凍，有寒風，萬物似乎是令人不悅的。這一切都是因為緣起的因、緣所致。同理，世界與其內容物的形成和毀壞，也是因為緣起的因、緣。假如沒有父母，就不會有小孩；同樣地，萬物依賴因和緣。假如許多因和緣聚合在一起，就會創造出某物。

　　當五大——地、水、火、風、和空——聚合在一起，地大成熟、水大消融、火大溫暖、風大移動，就形成了世間的四季。同樣地，在我們的身體中，肉和骨是地大，血和淋巴是水大，身體的暖度是火大，身體內的呼吸是風大，而中間的空間就是空大。所以身體的形成是透

過五大的聚合而來。在這個透過五大所形成的身體中，有個心識。當許多剎那聚合時，這個心就感知到過去、現在、和未來的念頭。

當所有的因和緣被毀壞時，絕對就是空無一物。當有了顯相，對某個已經證得空性的人來說，他所感知的任何事物都消融入空性之中，就像彩虹融入虛空中。假如吾人注視著天空中的彩虹，吾人會見到五彩的美妙顯相，但假如吾人想要試著抓住彩虹、或把彩虹拿來穿戴或食用，是辦不到的。彩虹可以被看見，但卻是空的。同樣地，一切世界和其內容物的顯相，都是空的，沒有任何事物可以超越空性。

三　三　摩　地

如是三摩地

在密咒乘的寧瑪派傳承中，生起次第的禪修是藉由三三摩地的法門來修持的。當禪修三三摩地時，吾人從如是三摩地開始。如是三摩地是空性的本性。如同前述，世界、其內容物、和情緒都是以空性為基礎。來解釋形相的本性：假如沒有佛的法身，就沒有報身或化身。假如法的法身、不可思議的無垢法界，就在那兒，當不可思議的佛之功德聚合時，報身便從法界中顯現。當報身的悲心為了眾生之故而有

所感時，化身便顯現。就這樣，如是三摩地來自空性、法身。

　　現在我們有一個身和心，舒適且快樂，我們有朋友和敵人，且攀附於擁有的這一切。我們認為這一切都是存在的，且抓住了這些，但這一切並非真正存在，這種執取是迷妄的。要摧毀這種攀附，吾人應該要禪修空性。根據小乘的傳承，釋迦牟尼佛教導了一切有為法皆無常；以這種方式，可以了解空性。在大乘的傳承中，一切現象都從三解脫門的角度來了知：本性為空、道無相、果無願。在密咒金剛乘中，當全然空性在生起次第被提及時，就是如是三摩地。

　　除非了悟心的空性，否則我們無法真正了解圓滿次第，但了悟空性的法門正是圓滿次第的修行本身。所以我們在生起次第時應該要如何禪修空性？在大部分生起次第修行的一開始，吾人唸誦此咒語：**嗡瑪哈秀涅達 嘉納 瓦吉拉 梭巴瓦 耶瑪果 吭**（Om Mahashunyata Jnana Vajra Svabhava Atmako 'Ham）。如果沒有唸誦此咒語，吾人可以在開展如是三摩地時唸誦**啊**字。當我們在如是三摩地的一開始唸誦咒語，一切現象——我們對世界和其居住者與所有其他經驗的概念——變成徹底的空，就像彩虹在空中消褪般。假如你堅定地領會這一切都是空的，心就會覺受到空性的一瞥。認出這個覺受就叫做如是三摩地。

　　假如我們問如是三摩地的形相為何，佛的法身並沒有臉、手臂、物質、或特性。佛的法身遍滿了整個輪迴和涅槃。在法身之外，並沒有輪迴的業與染污，在法身之外也沒有涅槃的佛身或本智。沒有所謂

輪迴的法身是不好的而涅槃的法身是好的這種事情。以虛空做為比喻，上方的太陽和月亮被虛空所遍滿，下方的大地也被虛空所遍滿，世界和其內容物全都被虛空所遍滿，一切眾生所住的地方都被虛空遍滿了。同樣地，在輪迴與涅槃中沒有任何事物不被空性所遍滿。正因為心是空的，要了知心性，必須認出空性。假如沒有法身佛，我們就見不到報身和化身。這就是為何我們必須禪修如是三摩地的原因。

　　禪修世界與其內容物為空性有什麼用處？根據寧瑪派、舊譯派傳承的說法，這三三摩地的每一種都有三個階段：清淨、圓滿、和成熟。關於清淨：當某人死去時，世界和其內容物被感知為空的，他的命根被斬斷，他的心識在中陰中徘徊，而他的屍體被火化。甚至連名字也沒留下來。一切事物都變成空的。這就是我們必須薰習的空性。嫻熟此空性就是如是三摩地。假如我們透過如是三摩地嫻熟了死亡的現象，就會了悟法身的智慧。當我們禪修圓滿次第時，應該要明白圓滿次第就是了悟空性、如是三摩地的法門。如同所云：「任何能夠了悟空性的人，能夠掌握萬物。」當了悟了空性，就再也沒有任何事情需要了悟的，以空性為道就是清淨。

　　當我們安住在此空性的本性中時，佛的法身功德就圓滿了，這就是圓滿。

　　當禪修空性而修持圓滿次第時，吾人會有樂、明、無念的覺受，這就是成熟。在這三者中，無念的覺受即是如是三摩地。

　　如是三摩地是所有階段中的主要禪修。在果時，它是法身；在不淨的次第，它轉化了世界和其內容物為空性；在生、死、和中陰的現象中，它是清淨死亡現象的方法之一。了解如是三摩地的這個要點是很重要的。

遍照三摩地

　　單單透過空性，不可能獲得解脫。空性的本質是悲心，而此悲心叫做遍照三摩地、顯現在外的某物。在空性中，沒有所謂的事物顯現或讓事物顯現的某個東西，只有一個空性。當悲心從空性狀態中生起時，就叫做遍照三摩地。

　　吾人要如何修持遍照三摩地？首先吾人應該持誦觀空咒，並想著萬物——世界和其內容物——是空的。在此空性中，想著輪迴與涅槃的一切現象是空的，吾人應該對未了悟空性之一切眾生生起悲心。想著為了要引導一切眾生邁向空性的了悟，吾人將修持本尊的三摩地，也就是遍照三摩地。對初學者來說，要具有無分別的悲心是不可能的，所以他們必須要有利益眾生的概念。

　　悲心是大乘修道的命根。不論顯宗的大乘修道或密咒金剛乘的大乘修道，倘若沒有菩提心，就不能稱之為大乘。菩提心的根本是對眾生的悲心。誠如釋迦牟尼佛所說：「有頭之人，有眼、耳、鼻、舌、身

等。假如沒有頭，身就沒有任何用處，因為身就不能運作。」同理，假如在大乘修道上沒有悲心，就不是真正的大乘修道。在吾人身上生起悲心，就稱為遍照三摩地。當一切諸佛住於法界中時，諸佛以悲空雙運的方式照看一切眾生，諸佛從不會為了自利而住於空性之中。當眾生落入迷妄時，諸佛的功德透過悲心的力量而顯現，悲心的產生應該猶如破曉時灰濛濛的天空中現出黎明般。

當禪修悲心時，清淨了什麼？在死亡時，當身、心分離，首先，五大收攝，我們的眼睛停止觀看、我們的耳朵停止聽到、我們的嘴和鼻子停止呼吸、且我們的身體停止觸覺，一切都停止了。當一切停止，我們到達了基的狀態、空性。到達了空性時，假如我們能夠保任在此狀態中，就會獲得證悟。但當我們一到達空性，卻立刻落回迷妄之中。

當我們嫺熟如是三摩地的法身，會生起對未了悟法身三摩地眾生的大悲心。透過這種三摩地，我們清淨了從基之本性落回迷妄之中的中陰現象。

諸佛的無分別悲心遍佈於一切眾生。當諸佛顯現為報身時，會顯現俱五圓滿的報身淨土——圓滿的地方、圓滿的時間、圓滿的法教、圓滿的上師、和圓滿的弟子——再也沒有進入涅槃與淨土的消融。報身淨土的化身自然顯現以利益眾生——這就叫做悲心。

至於圓滿次第的禪修，只禪修空性是不夠的。空性必須具有明

分，此明分就是悲心。當利益眾生的概念在吾人心中生起時，這就是明分、吾人做為在修道上修行者的悲心。當生的現象被清淨時，即使吾人已經證得了圓滿證悟，還是會不斷地化現化身。當諸佛進入涅槃，當祂們住於法身界中，還是會為了利益眾生而化現化身。從來不會發生諸佛不顯現的事。

　　遍照三摩地所清淨的是什麼？當身、心分離且吾人到達了基的本性，有一種在中陰中導致吾人落回迷妄的蓋障。遍照三摩地清淨的就是這個蓋障。圓滿的是什麼？在此狀態中，圓滿了報身佛的功德。成熟的是什麼？在圓滿次第，有樂、明、無念的覺受，明的本性被成熟了。圓滿次第就是明性的成熟。當清淨、圓滿、成熟都具備時，就是真正的大乘修道：如是。這就叫做遍照三摩地或圓滿顯現三摩地。

因三摩地

　　第三個三摩地叫做因三摩地。我們應該在空悲不二的狀態中修持因三摩地。何謂因三摩地？當修持生起次第並造出了佛殿與本尊的所依時，從種子字顯現這一切，就稱為因三摩地。空悲不二、心的本性，是無相的三摩地。在因三摩地，有一個形相，就像識是身和語的根源，透過身和語我們可以經驗到現象的世界，同樣地，諸佛透過種子字顯現，由種子字轉成淨土與本尊。因此，稱之為因三摩地，是因

為從種子字顯現出宮殿和本尊。

在因三摩地我們所觀想的是什麼？空性，使現象的世界化空，與悲心，為了未了悟空性的一切眾生而生起，是無二無別的。進入悲心的核心，我們會到得到空性。沒有空性之外的悲心。這種空性與悲心的不二體性，以種子字的形相呈現。舉例來說，假如吾人正禪修金剛部的本尊，吾人觀想種子字吽；假如吾人正禪修語部的本尊，吾人觀想種子字啊；假如吾人正禪修身部的本尊，吾人觀想種子字嗡。這就叫做因三摩地。雖然形相是種子字，但體性是本尊悲、智、力的智慧。它並不只是一個字，如我們所寫下的文字那樣。它並不是某種固定的文字，而是諸佛密意的體性。

我們要如何禪修這個種子字？在清淨了世界和其內容物而化為空性時，吾人應該想著種子字吽從虛空中現起，猶如明月當空般。假如本尊的身色是藍色，吽字就是藍色。假如本尊的身色是白色，吽字就是白色。這個猶如明月當空的白色吽字，就叫做因三摩地。

關於在中陰期間落入迷妄，當中陰的現象開始時，會有心識。這個心識由中陰的意生身所支持。這個意生身的經驗，就像我們做夢時感覺自己從一個地方移動到別的地方那樣，雖然肉身並沒有做任何事。在中陰期間，我們會有這種相似的體驗。為了要清淨中陰的現象，我們修持因三摩地。

禪修這個因三摩地有何利益？我們可以從勝樂金剛、金剛瑜伽

母、金剛薩埵等的修持為依據，來見到其利益。舉例來說，當我們禪修勝樂金剛，先觀想種子字**吽**；當我們禪修金剛瑜伽母，先觀想種子字**磅**；當我們禪修蓮師，觀想種子字**啥**；當我們禪修金剛薩埵，觀想種子字**吽**。這個觀想象徵了識。清淨了什麼？清淨了徘徊在中陰中的識之蓋障。這就是為何我們觀想種子字**吽**的緣故。應該要觀想如同我們所禪修之本尊的身色。**吽**字是一切諸佛智慧密意的體性。什麼被清淨了？眾生徘徊在中陰中的蓋障、導致投生的蓋障，被清淨了。什麼是能清淨者？諸佛密意的體性是成就此清淨者。能產生此清淨的原因是：就像當許多種子字聚集在一起時，吾人便能以這些種子字來持誦咒語，並直指出佛法以及輪迴與涅槃的現象，所以從諸佛的種子字，能化現並聚集出壇城。

吽字的本性是諸佛生命的體性。在佛的三身中，種子字代表了化身。**吽**字化現出佛殿與本尊的所依；這就是為何種子字是因三摩地的所在。當千佛的化身來到這個世間，每位佛先是示現了在這世界中的淨土，然後是佛的顯現。讓我們以阿彌陀佛淨土、西方極樂世界為例，首先，藉由阿彌陀佛的願力與三摩地，顯現出極樂世界的淨土，然後阿彌陀佛來到。因此，顯現出淨土與諸佛的，是因三摩地，它象徵了化身佛的本性。

被清淨的是什麼？當徘徊在中陰時，讓吾人投生的蓋障被清淨了。能清淨者的體性是種子字**吽**。在虛空中觀想出的**吽**字，是一切諸

佛智慧的怙主。**吽**字所清淨的是什麼？中陰眾生導致其投生的蓋障被清淨了。圓滿了什麼功德？圓滿了化身佛的功德。成熟了什麼？當修持圓滿次第，當樂空不二的體性、無分別智的三摩地，在吾人心中增長時，究竟的俱生智、大手印、大圓滿──這種智慧──便出生了。因三摩地是增長這種智慧的因。為了讓這個因成熟，某些緣是必要的。當種子被種在地裡，需要三種緣來讓其成熟：夏天、肥沃的土壤、和雨水。假如這三種緣都俱現，就會有很好的結果。同樣地，圓滿次第的必備前行是生起次第。生起次第讓吾人準備好修持圓滿地。因此，當吾人開始修持種子字的基本三摩地時，從種子字放光而造出了金剛帳的護輪。然後逐漸地造出五大，在五大的層疊之上，吾人觀想生起次第的步驟。

　　在這個世間有四種眾生出生的方式：透過父母與子宮出生的胎生、從蛋出生的卵生、從溫度與濕度出生的濕生、以及從神變而毋須父精母血的化生，如天神的出生。關於生起次第，卵生等同於廣軌的生起次第步驟，在此吾人以因、果嘿嚕嘎的方式來觀想。至於濕生，當濕度與濕度結合時，便造出了眾生，在夏季的森林中便會產生濕生：當天氣炎熱又下雨時，就有昆蟲出生。在生起次第的步驟中與濕生相對應的，是清淨了與濕生相關的習氣。在卵生中，先是卵從母親生出，然後藉由母親的溫度孵化出眾生。在化生中，如在天道中，識進入了一朵蓮花中，然後形成了身體。在生起次第的步驟中與卵生相對

應的，是吾人觀想因嘿嚕嘎和果嘿嚕嘎。蛋先是從母親那兒生出來，然後再從這個蛋裡形成眾生，猶如雙重的生。當傳授這個部分的廣解時，我們會談到清淨與生起的五個階段，和三金剛的儀軌觀想。在生起次第步驟中與濕生相對應的，是如是三摩地、遍照三摩地、因三摩地都剎那圓滿，吾人毋須觀想因嘿嚕嘎和果嘿嚕嘎。在生起次第的步驟中與化生相對應的，有四層觀想，剎那憶念且圓滿。透過這四層觀想，逐漸地穩定所依。這就是因三摩地。

　　這三三摩地是修持生起次第三摩地的基礎。關於生起壇城與本尊所依的目的是：舉例來說，一個人對他的房子、財產、和周遭的人們有個概念；透過禪修種子字與其顯現出的佛殿和本尊，能夠清淨這些習氣。為了要清淨這些對存在的習氣，我們觀想種子字**吽**並從其放光，向諸佛菩薩獻供，然後將諸佛菩薩身、語、意的加持收聚回來。之後再度放光，觸及一切眾生並清淨眾生的業障，然後光再度收攝融入於種子字**吽**。

　　然後從光化現出種子字**準**。這個**準**字由五個部分組成，象徵了一切諸佛的五智。佛殿由佛頂轉輪聖王（Ushnisha-chakravartin）所化現。當佛頂轉輪聖王在菩薩位行持佛行事業時，祂發願當證得圓滿佛果時，其心的智慧會顯現為一切諸佛的淨土與宮殿，其心的智慧本然上就是毗盧遮那佛的本性。我們人類的宮殿是由土石所造，但佛的宮殿卻是由智慧幻化而成。佛殿遍滿了智慧，且非實體。**準**字是黃色

的，並化現出五彩光。從**準**字，化現出五大的種子字，如**噫 樣 嚷 㘈**等，逐漸造出佛殿下方的五大。

在五大的基礎之上，我們觀想由許多不同大小的各種金剛杵所形成的護輪，其上方，在某些儀軌裡我們觀想八大尸林；在某些儀軌裡沒有尸林。假如有八大尸林，在某些儀軌裡是在護輪裡，在某些儀軌裡是在護輪的外頭。

在這些八大尸林裡，我們觀想一個三十二瓣的蓮花，象徵佛的三十二相。在蓮花上是一個綠色的日輪：因為蓮莖是綠色而日輪如水晶般，就反射出綠色。在日輪上方是一個多彩的十二股金剛杵，三股在東、三股在南、三股在西、和三股在南。金剛杵也有二十股的。

在這個金剛杵的中央是正方形，在正方形裡，吾人觀想佛殿，假如是寂靜尊的佛殿，做為五智的徵兆會有五層的牆，以及角落、屋頂、屋檐、頂上的金剛杵等等。假如是忿怒尊的佛殿，就會有三層的牆，由人頭所成。在佛殿的中央，是一朵有日輪或有月輪的蓮花。假如本尊是忿怒尊，就是日輪；假如本尊是寂靜尊，就是月輪。其上，現出種子字**吽**。從**吽**字，放光向諸佛獻供並收聚諸佛的加持回到**吽**字。再次放光至一切眾生，清淨眾生的蓋障，然後收聚回到**吽**字。然後，假如儀軌經過清淨與生起的五個階段，**吽**字會轉變為五股金剛杵，五股金剛杵再變為本尊如金剛薩埵、勝樂金剛、大殊勝尊（Chemchok）等。從本尊的心間放光，變出眷眾如五方佛、十忿怒尊

等等。這就叫做禪修以佛殿為所依的本尊壇城。

　　一開始從外往內觀想佛殿：先是護輪、智慧火、尸林等等。然後從內往外觀想本尊：先是主尊，再從主尊化現出眷眾。

　　這個顯現清淨了什麼？對房屋、土地、和財產的習氣，是人類存在於這世間的一部份，透過禪修佛殿而被清淨了。對人們、父母和小孩的習氣，藉由禪修本尊而清淨。當諸佛神變出淨土、每位佛都化現出自身的淨土，有佛殿、菩提樹、僧人聚集的大殿、與佛的弟子等。舉例來說，釋迦牟尼佛有其弟子舍利弗和目犍連、十六阿羅漢等等。假如現在我們的心變得嫻熟於佛的行止，也和果相應。以這種方式，輪迴三界的蓋障、世界和其內容物，就被清淨了。

　　在圓滿次第，身體非常重要：身是佛殿，而脈和明點是本尊。透過觀想本尊的習性，藉由此潛能的成熟，對輪迴的習氣就被窮盡。把化身佛顯現的淨土與佛殿帶入道上，清淨了對輪迴習氣的蓋障。在禪修圓滿次第的本尊壇城中，吾人做為壇城本尊稱做誓句尊。

　　在生起次第中，從本尊的心間放光，迎請淨土中的諸佛菩薩以同一本尊的形相前來，所迎請來的是智慧尊。然後智慧尊融入觀想的本尊，成為無二無別。就像當我們邀請來一位重要的賓客，會獻上食物並禮敬之，同樣地，此刻，從我們的心間化現出許多供養天女而頂禮、獻供、並吟唱讚頌。這是生起次第的禪修，以身體為道，清淨了身的蓋障。

　　因為我們不只有身，也還有語和意。為了要清淨語的蓋障，在本尊的心間我們觀想一個種子字，從這個種子字放出光芒，清淨了語的蓋障。一切的顯相從空性中顯現而無實存，這就像是諸佛顯現淨土然後進入涅槃。舉例來說，當釋迦牟尼佛傳授因札菩提王（Indrabhuti）《密集金剛續》的法教時，佛陀先化現了密集金剛的完整壇城，然後教導了密續。在佛陀教導完密續後，當化現消融時，密集金剛的壇城與佛殿都消融入空性中。同樣地，我們所觀想出的任何事物也必須消融。為何必須消融的原因，是因為我們一旦出生就必須死亡，這個消融會清淨此不淨的習氣。淨土的化現和消融，對應了以佛行事業在道上進展。

　　在圓滿次第禪修脈、氣、明點瑜伽的利益為何？就是我們的心能夠了悟空性的智慧。了悟空性的智慧是成熟的前行。因此，世界融入其內容物、眾生；內容物、眾生融入宮殿；宮殿融入眷眾；眷眾融入主尊；本尊融入咒語；咒語融入心間的種子字；種子字融入空性中；然後吾人將心安住於空性的狀態中。這就叫做如是三摩地的圓滿次第。

　　在此已經簡要地說明了生起次第，以形相為道來清淨生的習氣。當我們真正開始儀軌的修持，將能從我們自己的上師得到詳盡的教授並理解之。

　　在修持生起次第的過程中，一開始，我們應該一直具有菩提心；在中間，我們應該要一心專注地修持生起次第的正行；在最後，我們

應該要迴向福德予一切眾生。因此，行持大乘的根本、三殊勝，就會
證得密咒乘修道的根本、生起次第的共通與殊勝成就。

假如我們根據新譯派來修持生起次第，世界和其內容物被清淨為
空性，從空性的狀態中顯現出種子字，並沒有提到三三摩地。三三摩
地是寧瑪派傳承生起次第的特殊之處。以三三摩地來修持會對你的心
有莫大的裨益。

第 二 章

前三中陰

今天早上我談到了成熟灌頂與密咒金剛乘修道的生起次第。今天下午我將給予圓滿次第的詳細教授。如同前述,生起次第對應的是一切現象的世俗諦。作用在世俗諦的顯相——世界和其內容物、佛殿、本尊、從咒語放光等等——是以世俗諦為道。

圓滿次第對應的是勝義諦的現象。對應勝義諦意指為何?當不造作的本性、自性由三摩地所主導,就叫做瑜伽。以這種方式,不造作的本性被帶入道上。要將不造作的本性帶入道上,吾人應該要依照勝義諦的本性來禪修。生起次第是圓滿次第的前行,圓滿次第由六種金剛瑜伽所組成:拙火、幻身、夢瑜伽、明光、中陰、和遷識[5]。

在密咒乘的寧瑪派傳承中,有六種中陰。這六種中陰的法教與生起次第六瑜伽的法教,並無不同。六種中陰分別是:生處中陰、臨終中陰、法性中陰、投生中陰、睡夢中陰、與禪定中陰。**中陰**指的是兩個身體之間的過渡狀態,當一個身體結束而另一個身體尚未出生之間。假如吾人要去某個地方,在離開吾人家鄉後與抵達即將前往之處前的狀態,也叫做中陰。這是一個吾人無法控制的狀態。

5　譯注:音譯為頗瓦,遷識是義譯。

生 處 中 陰

第一個中陰是生處中陰（藏文：kye-ne bardo），這是介於從母親子宮出生與死亡時刻之間的狀態。吾人可能會以為這個狀態不是中陰，因為與死後中陰可能只維持了片刻相比，生處中陰持續了很長一段時間。從由母親子宮出生那一刻開始，吾人受個人業力所迫使。假如吾人曾累積了善業，就會無病長壽，且事業會成功。假如吾人累積了惡業，就會多病短命，且事業不會成功；吾人會遇到怨敵，財富會縮減，且吾人會經歷許多痛苦。凡事都依照吾人過去生所累積的業而發生。吾人可能會想要快樂舒適，但卻沒有所需要的控制力來避免過去業行所產生的痛苦。

我們應該如何對待生處中陰？如同前述，以成熟灌頂與生起次第和圓滿次第的解脫教授為所依，我們應該以此生為道。當我們出生，在嬰孩時期吸吮母親的奶水並坐在母親膝上。當我們成長，開始學步和說話，有了美醜、好壞等概念。當我們長大些，約莫二十歲或三十歲時，假如我們有了傷害我們的怨敵，就會想要以牙還牙。假如我們有了助益的朋友，就會想要報答其助益。假如我們有了財富，就會想要儲存財富。無論想要做的事情為何——在田裡工作、商人的工作、藝術家的工作、或任何工作——我們都可以訓練而做到。當我們的身體接受訓練而做那些工作，我們並沒有無常的概念。因為我們從未想

過死亡，從不會想到神聖的佛法。當我們只想到這個世俗的存在，就會因我們的行為而放逸。當我們因世俗的行為而放逸時，死亡可能突然降臨。無論我們好或壞，都沒辦法逃避死亡。縱使我們非常富有，也必得死去且把所有的財富拋諸身後。即使我們年輕貌美，也沒能勝過死亡，且必得把身體留下。死亡時我們將會後悔莫及，但後悔已經來不及了。

假如我們對死期將至有任何的把握，舉例來說，假如我們確知還有五十年可活，我們就可以計畫用二十五年的時間來工作，然後再用二十五年來修持佛法。但我們從未有過這種確定。假如我們算算從我們出生至今有多少親友在年少時死去、有多少親友在工作時往生、有多少親友在各種計畫的中途撒手人寰、有多少親友在戰亂中死亡等，我們就會知道對於我們能活多少是沒有任何定數的。當我們知道死亡將至，就會了悟唯一能夠幫助我們的，就只有神聖的佛法。

當死亡來臨時，假如我們了知佛法，就不會造成任何痛苦。對真正的修行者來說，死亡是體驗法身的一種方式。假如一個家財萬貫的人要去某個遙遠之地，他毋須擔心，因為他可以舒適地待在任何地方且奢華地死去。同樣地，假如我們修持了佛法，對我們的佛法修行具有信心，當死亡到來時就毋須擔憂任何事情。

讓我們免於死亡恐懼的是什麼？如同我講解過的生起次第修持，禪修自身為本尊，藉由修持生起次第身的手印瑜伽、語持誦的咒語瑜

伽、與圓滿次第意的如是瑜伽，清淨了我們身、語、意的蓋障。假如我們證得自己的身、語、意與本尊的身、語、意無二無別，無論是勝樂金剛、金剛瑜伽母、或金剛薩埵，透過此成就的力量，當死亡的痛苦來臨，我們將對透過禪修自己本尊會克服死亡的痛苦具有信心。因此就不會有任何死亡的恐懼。

　　假如我們不修持佛法，當死期來臨，就像是從牛油中拔出頭髮般：只有頭髮拔出，沒有任何的牛油或油脂留下。同樣地，當死期到來，除了自己的心和此生所造的善業或惡業之外，我們必須把一切事物留下。我們必須留下身體、親友、財富和資產。假如我們努力地修持本尊瑜伽、咒語、和法身，我們對留下這一切不會有任何的恐懼。誠如無上的達波仁波切（Takpo Rinpoche）[6] 所說：

　　「上根器的修行者將會在死亡時了悟法身；中根器的修行者能以死亡為道並以遷識的教訣為所依而避免投生於輪迴之中；下根器的修行者對透過其本尊的修持將不會墮入下三道具有信心。」

　　因此，透過修持生起次第與圓滿次第，將生處中陰帶入道上，吾人應該先聽聞、思惟、並如法地禪修法教，在了知這些之後，吾人應

6　譯注：岡波巴的尊稱。

該增長覺受。吾人應當憶念死亡來臨的痛苦，透過修持此道的力量，吾人毋須害怕死亡的痛苦。一旦吾人獲得這種信心，就會知道生處中陰的如幻概念是無常的。假如吾人把此無常帶入道上，透過本尊瑜伽、咒語、和法身來清淨不淨的概念，當清淨的概念顯現，吾人就不會受制於輪迴恐怖的如幻概念了。假如吾人好好禪修自己的本尊，當吾人想到生處中陰已經結束而死亡將至時，吾人會有如下的信心：當中陰的恐怖顯相顯現時，藉由向自己的本尊祈請，吾人會親見本尊且本尊會引領吾人至淨土。假如吾人具有這種信心，就是圓滿了生處中陰。

圓滿生處中陰的最好方式，就是以此身證得共通與殊勝的成就，親見本尊，且與本尊的身、語、意無二無別。但即使不是這樣，獲致上述的信心也足夠了。所以這就是吾人應該如何對待生處中陰的方式。

臨 終 中 陰

之後，吾人來到臨終中陰。臨終中陰從吾人得到致命疾病開始，到吾人的呼吸終止為止。在死亡時，瑜伽士會知道死期已至。有兩種型態的死亡：早夭，吾人的壽量還未完盡；和壽終，吾人的壽量已經耗盡。早夭可透過延壽的儀式和咒語來避免；壽終則無法避免。即使

釋迦牟尼佛和往昔的大成就者，當他們的壽量窮盡時也必須辭世。大勇士和財富滿盈的國王當他們的壽量耗盡時，也全都得去世。他們無法控制死亡。每個人都得聽命於閻王；沒有法子避免或欺騙閻王。

當死亡來臨時我們會怎麼想？首先，當我們因為致命疾病而病重，我們會想著：「我得離開父母、小孩、朋友、和親戚。我有這麼多的財富與這麼多的資產，全都得拋諸腦後。我沒能完成我的事業，所以我的財富不會增加，我的小孩會把它花光、揮霍無度。當我死後，這一生的美好經驗都會結束，我的身體會被火化，我的意識會進入中陰中，中陰只有痛苦。」因此我們會非常生氣。

一個好的修行者對於要留下一切，不會感到生氣。蓮師曾說當死期到來，即使是天人之王、帝釋天，也沒能力避免死亡。即使是財富之王、財神，當壽量窮盡時，也得把祂的所有財富留下，無法避免死亡。這就是閻王的力量所在。

當一個修行者因致命疾病而病重時，他應該這麼想：

「我已不能康復，到目前為止我都能夠依止上師，我步上了佛陀教義的修道，並依教訣修持。這一切所為何來？因為我已經非常謹慎地為臨終的痛苦做好準備。現在死期已至，我需要教訣，就像某個生病的人需要藥物或某個口渴之人需要喝水一般。執著此生的任何事物，如小孩、親戚、朋友、家庭、資產等等，都是無用的。執著這些當我

必須將之拋諸腦後時，只會徒增氣惱而已，在解脫道上對我毫無助
益，無論我擁有的任何資產，我都應該供養給僧團和我的善知識，如
離鄉背井之人捐棄任何所有那樣。」

　　我們應該等待死亡猶如某個即將到來的賓客般。這就像是訓練一
位士兵：吃好穿好，但當敵人到來時就需要他上場。同樣地，佛法的
修行在死時就會派上用場。吾人會想著：「當我死時，應該不要像個凡
夫一樣死去，而是應該前往淨土、如極樂世界或銅色山⁷。」這就像是
兒子回到父親的家或女兒回到娘家般：他們會毫無疑問地抵達。

　　我們應該想著自己的上師在淨土中與蓮師或阿彌陀佛無別地常住
著，而我們正回到淨土與上師團聚。我們應該想著在淨土中與上師團
聚，比待在這個世間經歷快樂、疾病、敵友等要好太多了，因為在淨
土中沒有貪瞋、人人都是快樂的。正因為淨土是個非常快樂的地方，
假如我們接受過臨終中陰的教訣，捨棄對此生的一切貪執，我們就應
該發願要專一地行持此教訣。

　　假如我們因為生病而無法憶念教訣，應該請求一位親近的金剛師
兄或師姐，在死亡的時刻提醒我們教訣，而善知識應該告訴我們不要
害怕中陰的顯相。他應該提醒我們那是我們自身的概念且我們得憶念

7　譯注：銅色山是蓮師的化身淨土。

上師的教訣。在死亡時刻行持教訣，就像是一位女演員照鏡子來檢查她的妝容般：在死亡時刻我們所修持的教訣若不清楚，應該被帶至心中。

專一地憶念我們的上師，我們應該保任在不加改變之心的本然狀態中，並把此狀態當成與上師無二無別。就這樣，上師並不在自身之外，而是與我們自己的心無二無別。既然自身與自心是超越離、合的，祈願縱使剎那也永不與自己的上師分離。假如我們能夠保任在此見中，應該注視著不加改變的心性。假如我們無法見到不加改變的本性，應該要憶念蓮師或阿彌陀佛，並想著他們就是我們心的本性，與上師無別。

當死亡的徵兆出現時，如呼吸停止或眼睛往內翻等，屋內的親戚開始竊竊私語，我們應該觀想自己的根本上師在心間，為阿彌陀佛、本尊金剛瑜伽女、或是勝樂金剛。我們應該一心專注在此觀想上，並持誦咒語。假如當我們正想著本尊時五大收攝，當我們以心念持誦咒語並向本尊祈請時，會像是要入睡時試著憶念起某些事情那樣：當我們醒來，依然會記得這件事。假如我們在那種狀態下睡著，念頭就不會截斷我們正要憶念的東西。因此假如我們向在自己心間的阿彌陀佛形相根本上師專一地祈請，當五大收攝發生而投生中陰的顯相顯現時，我們就會想著這就是怙主阿彌陀佛的化現，與自己的上師無二無別。

　　在那時我們會親見本尊，而本尊會帶著我們去到淨土。在中陰中，我們不會有固體的身體，而是有個意生身。因為意生身，在中陰中有可能見到本尊和上師。當我們有這個固體的身體，即使我們向上師和本尊祈請，也無法真的見到他們。

　　假如我們在死亡到來前薰習中陰的修持，當死期迫近時，會容易行持此教訣。在戰爭中與敵人戰鬥，吾人需要事先準備。一旦戰爭開打，就沒有時間蒐羅必要的武器來與敵人戰鬥。同樣地，要準備對付死亡的大敵，在此生中，以修持教訣來事先準備死亡是必要的。假如我們對自己有如此這般的上師並修持如此這般的教訣有信心，當死亡來臨時，就不會有恐懼。俗話說的好，對瑜伽士來說死亡是證悟的狀態。所以這是把臨終中陰帶入道上的精要修持。

　　在死亡時會有一種「得兒」的聲音，那是什麼聲音？現在，身和心舒適地聚合在一起，猶如一個人輕鬆地坐在他家裡。但當死亡來臨時，心徘徊在中陰中，而身體被留下。身和心的連結被斬斷了。當身和心的連結被斬斷，身體的五大——地、水、火、風、空——收攝入彼此。五大的收攝會有許多不同的覺受，端賴個人而異。在眾生中最常見的收攝是三重覺受，稱做顯、增、得。

　　當呼吸停止，看起來我們已經死亡了，在頂輪上從父親得到的白

明點[8]會降下，當白明點從頂輪降到心輪時，我們覺受到一切顯相成為白光，就像是在一個非常清朗的秋天夜空中當月亮生起時，明亮的月光遍照各處般。這種白光遍照各處，此時心體驗到一種大樂的狀態，沒有任何痛苦或疾病。同時，與煩惱相關，一切的嗔念都消融於心，嗔恨不再生起。

假如往生者是個修行者，能將此覺受帶入道上，他應該能夠認出化身佛的體性。如何將化身佛的體性帶入道上？修行者應該認出此白明點，這是方便分，即為化身佛的本性。當心安住在此大樂的狀態中時，並不會迷失在迷妄中。假如我們認出此覺受是化身，就只會覺得非常安適，彷彿是在一張舒適的床上享受著香甜的好眠。

至於從母親得來的紅明點，從臍輪上升到心輪，萬物的顯相如明亮的紅光。我們見不到任何東西，只有紅色。同時貪的煩惱止息了，心覺受到一種不可思議的明光。假如我們能認出此明光的覺受，就會了悟此紅光是報身佛的體性，我們將不會陷入迷妄中。假如我們不能認出此覺受是報身，就會陷入迷妄中。

當頂輪的白明點與臍輪的紅明點都融入心輪時，識消融了。我們的凡夫識，以眼睛來看到形相，能認出本尊與魔、美與醜；以耳朵來

8　譯注：在胚胎時從父親得到的父精，是白明點、又稱白菩提。從母親得到的母血，是紅明點，又稱紅菩提。紅、白明點是胚胎發展、形成身體的兩大要素。

聽見聲音，能認出愉悅與不悅的聲音。當這個識消融時，吾人覺受到稠密的漆黑。就像當天空沒有日、月而烏雲帶來傾盆大雨般，我們無法見到任何東西，連自己的身體與和資產也看不到。心沒有了任何念頭。

假如我們能認出這個狀態是法身佛的體性，就不會落入迷妄中。假如我們不能認出這個狀態是法身佛的體性，就會陷入迷妄中。此時癡的所有念頭都消融入自性中。假如我們能夠安住在這個狀態中一會兒，當黑暗的狀態結束時，輪迴與涅槃的一切現象就會遍滿空性的自性，這個空性並不是透過禪修而了悟的，而是透過身、心的分離而來。此時，沒辦法讓心避開空性的覺受。

當空性的覺受生起為心性時，假如往生者是個大圓滿或大手印的修行者，藉由認出此覺受並安住在此狀態中，就會解脫，猶如小孩投入母親的懷抱中。在此狀態中再也沒有迷妄；這是佛的法身。輪迴與涅槃的一切現象都融入法性的狀態中，吾人證得圓滿佛果。假如亡者是個凡夫、世俗之人，不會認出自性見，他會連剎那也無法覺受到此狀態，並從法性狀態中再度落入於迷妄中。

對見具有信心而沒能在此剎那解脫的人，會再度流轉於輪迴中。再次地，他會經驗到以聲音、光、光線等形相出現的迷妄顯相。這聲音猶如成千上萬的雷聲同時響起般、極為恐怖。這個聲音是如此強大以致於可移山倒海、造成颶風。當千雷同時響起時，我們只能試著塞

住耳朵來躲開這個聲音。當這個巨響出現的時刻，我們應該認出這只不過是我們自心的化現而非來自外在的某物。舉例來說，平時當有雷聲時，我們可能會有被閃電打到的危險，假如某人開槍，我們也有可能被擊中的危險。假如我們了知沒什麼好怕的，因為這個聲音不是來自外在，而是法性的聲音，它就會轉變吾人所依止的任何本尊咒語，如勝樂金剛的咒語：**嗡 啥 哈 哈 吽 吽 呸**；或是金剛瑜伽母的咒語：**嗡 磅 毘盧恰那**……等。一旦這個聲音轉變為我們的本尊咒語，我們不可避免地會憶起本尊，僅是透過憶念我們的本尊，就會得到解脫。

　　然後我們會經驗到一個極亮的光，猶如錦緞的布軸被鋪開，這五色光——白、紅、藍、綠、黃——是如此光亮與密佈，以致於令人難以直視。不管眼見之處，上或下，到處都是這個光。認出此光是我們自心本性的光芒，我們就認出心的明分，且此虹光便融入我們心間。在此無念、自性的狀態中，我們會證得佛果。假如我們不能認出此光是自性的光芒，且我們的心受其紛擾，我們就會陷入迷妄中並徘徊而進入投生中陰。

　　之後，我們會經驗到極明亮與銳利的光線。這些光線的頂端猶如銳器，可能會傷害我們。假如我們認為這些武器般的光線將要砍傷我們，就會變得非常害怕並落入迷妄中。假如我們認出這些光線並非實存，且無非是自性的光芒，我們就能夠安住在無念、大手印的狀態中，光線的顯相就會止息，我們會在無念、自性的狀態中獲得證悟。

我們就不會被中陰的聲音、光、和光線所迷惑。

　　為了要能夠把這些經驗帶入道上，我們現在必須向自己的本尊祈請、持誦咒語，並想著這些如此這般的顯相會在中陰中顯現。為了要熟悉這些顯相，我們現在所做的任何事，都應該把它當做是在中陰裡。當出現打雷和閃電，我們應該認為這就是中陰的聲音，並在那個時候應該憶念自己的本尊或上師。假如我們嫻熟於認為凡事都是中陰，就毋須試著去想像那個情境。無論所作所為，我們都只會自然地認為那是中陰。假如我們認為中陰顯相只不過是我們自身的造作，並不是存在於外在的某物，那麼中陰的一切顯相就會如同幻影、夢境，我們現在嫻熟於中陰的恐懼，就會在未來、當中陰真的顯現時，幫上我們的忙。

法 性 中 陰

　　在法性中，沒有中陰的狀態。但是，當某人從法性的狀態落入迷妄中時，在未被迷惑與被迷惑之間，有顯相顯現，這就叫做法性的中陰或中間狀態。要把這個帶入道上，我們應該要認出聲音、光、和光線的三個顯相，且顯、增、得的三個覺受，就是我們自心的顯發。

　　空性、我們心的本性，是超越恐懼與所恐懼對象的。當心不被執

取或觸動時，就猶如虛空。假如我們對此見有信心，中陰的如幻顯相就會在法性的狀態中被解脫。當這些顯相被解脫時，我們就解脫入基的本性中，而不會再流轉於輪迴裡。為何我們能在中陰中解脫的原因，是因為當身、心分離時，我們回到了基、從無始以來一直就被迷惑至今的基。當我們正確地認出了基，我們就非得解脫不可。假如亡者在中陰中四處徘徊而無法認出這點，他就會被中陰的顯相所欺騙而無法認出這些顯相，然後他非得落入迷妄中不可。

要認出法性中陰是我們自身本性的化現，我們現在必須修持大圓滿和大手印的教訣，並薰習把一切形相視為本尊，把一切聲音視為本尊的咒語，並把一切念頭視為本尊的密意、樂空不二的智慧本性。我們應該認為現在就是中陰、不需要害怕。藉著嫻熟於這些，我們就會透過習氣而憶起。所以這些就是在法性中陰中的解脫教訣。假如我們在法性中陰中解脫，就不會再落入迷妄中。這就是前三中陰的完整教授。

第 三 章

次三中陰

　　迷妄的根本，造成了輪迴三界，組成了生、死、和中陰的概念。讓我們免於這些妄念的三個法門分別是：生起次第、圓滿次第、大手印和大圓滿。當清淨了生、死、和中陰的迷妄，假如我們認出了生、死、和中陰的本性為如是、佛的三身，就沒有不淨。

　　抓住某個不存在的事物，相信某個非真實的事物，藉由我們的無明使我們被這些妄念所欺騙。假如一個很棒的魔術師幻化出不同的東西，如美妙的動物等等，當我們見到這些會以為它們是真的動物，實則不然。同樣地，我們所感知到的事物，在實相上非真的，所以這些生、死、和中陰的顯相造成了巨大的痛苦。某個了悟空性的人，會感知這些顯相猶如天空中的彩虹或海市蜃樓。他不會見到任何實存的事物。假如我們了知空性，沒有任何實存感，生、死、和中陰就無法不自然顯現為佛的三身。

　　關於讓生、死、和中陰如佛三身顯現的法門，佛陀曾解說了顯宗因乘和密咒金剛乘果乘的不可思議法教。在這兩者中，無上的密咒金剛乘是最好、最完美、且最快速的法門。談到無上密咒金剛乘，有四部密續：事部、行部、瑜伽部、和無上瑜伽部。修持無上瑜伽續是殊勝之道，是非常容易的。為了要修持此道，我們得先以成熟灌頂來成熟自身。然後我們需要努力地修持生起次第和圓滿次第。在圓滿次第中，有六瑜伽、或六中陰。六中陰的修行是一種指出中陰迷妄乃是佛三身幻化的法門。由蓮師所埋藏並由噶瑪‧林巴取出的教授，此《噶

瑪‧林巴文武百尊法》（*Karling Shitro*）的甚深法教，就是這樣的法門。

　　這六種中陰是：生處中陰、臨終中陰、法性中陰、投生中陰、睡夢中陰、和禪定中陰。之前我解說了生處中陰、臨終中陰、和法性中陰。現在，我將解說投生中陰、睡夢中陰、和禪定中陰。

　　「中陰」指的是中間的狀態，過去的行為已然結束而下一個行為尚未開始，介於這兩者之間的狀態就叫做中陰。當吾人被困在這兩個行為之間，假如吾人需要做某些事情，是做不到的。雖然吾人任何事情都做不了，卻不能只是坐以待斃。這個迷妄的狀態會造成巨大的痛苦。在所有佛經和密續中，「中陰」這個字詞最常見的意思，是當吾人已將之前的身體留下且尚未找到下一個身體的中間狀態。在密咒金剛乘的修道中，這個狀態則從六種中陰的角度來加以解說。

投 生 中 陰

　　關於投生中陰，假如吾人在死後沒能在基的本性中解脫，也沒能認出法性中陰的顯相乃佛三身的幻化，那麼吾人將徘徊在投生中陰中。這個投生中陰為何？這是當吾人已經離開了先前的身體而尚未找到新身體之前的這段時間。

　　當徘徊在投生中陰中，我們會有一個意生身。這就像是我們在作

夢時會感覺自己有個身體，但這是我們習氣所生的身體，並非是實質、有所阻礙的身體，如我們現在所擁有的身體那樣。以心念所依賴的這個意生身，我們隨意所趨與隨意所使。我們極度不安，不確定要去哪與要做什麼，顯現的一切事物都極為怖畏。當我們的身體沒有了從父、母親所得到的白、紅明點，我們就沒辦法得到日、月的依持。見不到日、月，萬物看起來像是黎明前夕。我們沒有子女、親戚、朋友、和敵人。一切事物都變得極為怖畏，我們覺得自己好像被帶著許多武器的獄卒所追逐，或被帶到這裡、那裡，到處都像是被暴風所吹襲的枯葉。我們還是會以為自己擁有五根[9]；我們會見到天神和上師在上方，而父母、子女、與親友在下方。我們不知道自己已經死了。我們會覺得自己被四面八方的敵人所追逐。

　　要認出投生中陰的顯相就是我們自身的妄念，並沒有外在的敵人，我們應該要認為中陰的顯相無非是夢境。這就像是當我們安穩地睡在自己的床上，夢見被許多士兵追逐、捕獲、毆打、和殺害一樣；所有這些概念都只是個夢，而我們正安穩地睡在自己的床上。同樣地，當妄念生起，假如我們認出自性，就會認出中陰的一切顯相都是迷妄的。雖然我們可能會因妄念而害怕，但卻沒有理由要這樣。我們所需要做的，就是保任在自性中，並憶念上師和教訣。以這種信心，

9　譯注：指眼、耳、鼻、舌、和身的五種官能。

我們就會猶如某人從睡夢中醒來那樣看待這些怖畏顯相，而不會追隨
這些顯相而去。想著這些怖畏顯相是我們本尊的幻化，當我們被帶著
武器的謀殺者追逐時，我們應該禪修他們是由本尊所化現出的使者。
我們聽到的任何雷聲或閃電聲，我們應該要想著這些都是本尊的幻
化，別害怕。因此保任在自性中，上根器的修行者會在此階段解脫。
中根器的修行者會憶念起上師和本尊，請求上師和本尊的保護而免於
這些怖畏顯相。帶著信心，認為這些怖畏顯相無非是本尊身、語、意
的幻化，我們就毋須害怕。

　　就像是看戰爭片之類的電影：我們知道這只不過是螢幕上的投射
而已。假如我們不害怕這些顯相，並見到不加改變自性的體性，顯相
就會猶如彩虹在天空消逝般消褪去。當顯相消褪，就再也沒有從中陰
中投射出的痛苦或恐懼。只要想著我們要前往淨土並從上師處接受教
訣，只要向上師祈請，上師就會出現並帶著我們前往淨土。就這樣，
我們會免於投生中陰的恐懼。

　　至於投生中陰的長短，假如我們必須待在投生中陰兩週的時間，
在第一週裡我們會有前一生的概念，在第二週裡我們會有下一生的概
念。但這一切的顯相都必須以同樣態度來面對。本質上，我們應該要
憶念上師，視中陰的投射為本尊身、語、意的幻化，並以堅定的信心
增長虔誠心，以這種方式，我們就會免於輪迴的恐懼。

睡夢中陰

第五個中陰是睡夢中陰。我們對此生和來生有不同的概念。關於此生的概念,我們認為此生是恆常與穩定的,我們可以就這樣待著並有個長壽的人生。當中陰的怖畏投射顯現時,假如我們有中陰法教的修持經驗,我們在此生和在中陰的感知就會是一樣的。即使我們在中陰中,也會立刻憶念起我們的上師並禪修教訣。當中陰的許多顯相一顯現時,都能讓我們在道上前進。了知此生的概念無非是痛苦與無常的,我們就會捨棄世間八風[10],一心專注在上師與教訣上,並在修行上受到激勵。假如這就是我們所感受到的,那麼我們就能夠把中陰的投射帶入道上。假如我們不能如此感受,就是我們還不能把中陰的投射帶入道上的徵兆。

密勒日巴曾說:「假如吾人覺得此生與來生無分別,吾人即徹底地了知見。假如吾人覺得日與夜無分別,吾人即徹底了知修。」目前此生的顯相與白天的顯相似乎一樣,夢境的投射與中陰的投射似乎相同,當舒適地睡在吾人的床上,沒有病痛,假如吾人做了致富、得到所求、抵達目的地、與往生的父母或親人聚首、唔談、共度好時光等好夢,那時吾人的心會覺得快樂。但是當吾人醒來,這一切就像是海

---

10 譯注:世間八風指利、衰、毀、譽、稱、譏、苦、樂等八種執取。

市蜃樓，這一切的經驗都不是真的。既然夢境不是真的，就叫做睡夢中陰。

　　把睡夢中陰帶入道上，我們就能夠把白天與夢的顯相融合在一起。假如我們能夠把白天與夢的顯相融合在一起，此生與中陰的經驗就會融合。在它們融合時，當中陰的投射與此生的習氣相會，我們在中陰中就不會有怖畏的經驗。要把日常生活的經驗與睡夢中陰的經驗融合在一起，我們必須先認出夢境是夢。現在當我們在做夢時，我們會以為夢是真的，而無法認出夢是夢，這就是無法認出夢的徵兆。當我們在夢中有了恐怖的經驗，譬如被野獸吞噬，假如我們有信心，認為自己並非真的被吃掉而這只是個夢，恐懼就會止息。當我們做了好夢，譬如遇見已故雙親並與他們交談，假如我們認出這是夢，我們的雙親早已過世不在那兒且在夢中這類迷妄的經驗會現起，那麼我們就能夠認出夢是夢。這就是以夢為道。

　　我們世俗之人喜歡積聚利益、尊敬、和名聲，而不喜歡損失、詆毀、和恥辱。不喜歡詆毀和恥辱，因為與攀附此生為常的習氣有關。假如我們薰習將此生的一切事物皆視為無常，即使我們在此生中遭逢恥辱，也會了知它沒有實質而不會執著於此生。為了要認出夢是夢，我們需要禪修上師所傳授的教訣。

　　我們要如何禪修這些教訣？當晚上準備睡覺時，我們應觀想自身是本尊，如金剛薩埵，在其心間有一朵四瓣的紅色蓮花，在這朵蓮花

的中央，我們應觀想一個白色的種子字**啊**，非常細緻。當正要入睡時，我們應觀想從這個種子字**啊**放光，光充滿全身和屋內，變得如白天般光亮。我們應一心專注在此觀想上。當我們睡著時，世界和其內容物化光，融入**啊**字，然後**啊**字融入空性中，保任在此空性的狀態中，我們就會認出夢是夢。假如我們無法認出夢是夢，當我們從睡眠中醒來後，可以再試著禪修。

有兩種型態的認出：夢和明光。假如我們主要是要認出夢，應該觀想紅色蓮花在我們的喉輪並放光。這就是睡夢瑜伽的教訣。

假如我們認出夢，即使是個好夢，也沒有喜歡或興奮：這只是個夢，並不恆常。假如是個惡夢，在夢裡我們被敵人殺害或毆打，我們也會認為這只是個夢。我們會逐漸認出一個夢、然後另一個夢，以這種方式會認出所有的夢。假如我們對心能夠改變夢境有信心，當我們認出某個具有不淨概念的夢、例如去到第十八層地獄並被獄卒毆打或殺害，我們應該認為這只是個夢，且我們在夢中經驗了地獄的痛苦等等。正因為夢境是心所造的，心能把夢境變成任何東西。我們可以把夢中的地獄變成淨土，並把獄卒變成壇城中的本尊，如文武百尊或我們的本尊——金剛瑜伽母、金剛薩埵、勝樂金剛等等。帶著我們與本尊正在淨土中的信心和虔敬感，對本尊具有信心並持誦本尊的咒語，我們就能立刻把不淨的概念變成清淨的概念。夢中的不淨概念能立刻變成清淨概念的原因，是因為夢不是恆常或可靠的，而是妄念而已。

　　就像我們能把不淨的夢境變成清淨的夢境，我們也能把世界和其內容物的白天經驗，變成是本尊的壇城。世界和其內容物的白天概念也是無常和不可靠的，如同昨晚的夢境般，但我們抓住這些概念，認為它們是某個恆常的事物。空性能轉化成任何東西。假如我們對空性見具有信心，世界的顯相能夠轉化成淨土，其內容物能夠轉化成本尊，且一切的形相是本尊的形相、一切聲音是本尊的咒語、和一切念頭是本尊的智慧密意。

　　以這種方式藉由三摩地來改變顯相，首先我們要有轉化顯相的意樂，然後當我們的三摩地穩定時，就能夠確實轉化顯相，世界自然變成了淨土。同樣地，我們能把不淨的夢變成清淨的夢。假如我們能認出夢並轉化夢境，從一個夢可以造出許多夢，也可以把許多夢變成一個夢。這是我們的意生身在經歷夢境，而不是肉身。在我們的夢中，無論我們想到哪兒去，都能夠前往。假如我們專注想著要前往淨土，如極樂世界或銅色山淨土，我們就能在夢中到達那裡。無論我們到了那裡與否，夢就是個幻覺，幻覺是沒有實質的。假如我們抓住一個幻覺，視其為真，這是我們自身的攀附而已。

　　認定夢是空性，我們能把夢變成淨土，如西方淨土極樂世界。在淨土中，吾人能值遇阿彌陀佛，並得到祂的授記。現在我們還活著，且這只是個夢，但藉由這麼認定，在未來當我們死後，就能前往極樂世界，並從蓮花中出生，我們能夠事先準備好在極樂世界出生。以這

種方式我們能改變自己的概念。以夢為所依，我們可以見到自己是如
何改變概念的。就這樣我們會增長能夠改變此生概念的信心。

　　轉化概念是可能的，因為此生的一切顯相都具有空性，且空性能
夠變成任何事物。當赤松德贊王的使者前往芒域（Mangyul）迎請蓮師
入藏時，他們向蓮師獻上一個盛滿了金幣與金屑的曼達盤，蓮師逕自
把黃金扔向天空，獻給三寶。這些使者為黃金的浪費感到可惜，於是
蓮師微笑說道：「你們毋須為此感到可惜，我想要多少黃金都辦得到。」
當蓮師注視著地面，他的凝視把芒域的群山和岩石都變成黃金。假如
吾人了悟空性，吾人就能夠像這樣改變事物。

　　此生我們所感知到的任何事物，我們都能夠變成想要的任何東
西。我們現在所具有的任何不淨概念，全都是幻覺。想著要斬斷幻覺
的根並把幻覺變成空性，我們應該增長今日之概念和昨晚之夢境都是
幻覺的信心。一再地，我們應該禪修日常生活的概念是本尊的示現、
咒語、和法身。我們白天所做的任何事情，都應該想著這是個夢。假
如我們因為遇見親友而感到快樂，應該想著這是個夢。假如我們因為
置身在一座美妙的花園裡而喜悅，應該想著這是個夢。因此想著無論
發生任何事、無論所做任何事，都是個夢；當晚上做夢時，我們就會
也認出夢是夢。了知夢是夢，我們就會知道自己能夠轉化夢，轉化了
夢，我們就能把不淨變成清淨。有了這種信心，當我們從睡夢中醒
來，就會了知要改變我們的夢境是容易的。之所以容易的原因，在於

夢只是心氣的顯現而非實存。

在白天裡，我們感知到固定的事物並以為它們確實存在，就像是攀附著黃金上的不淨。即使我們執著於這些顯相，假如我們精進地持續認定一切皆是空性，且我們能加以改變，將會真正能夠轉化這些顯相。假如我們能夠改變夢中的顯相，將能夠改變中陰的投射。然後就會是此生與來生再也沒有分別，我們將會徹底了知此見。假如我們能夠以這種方式來轉化，就是圓滿了睡夢中陰的修持。

禪定中陰

第六個中陰是禪定中陰，指的是內在三摩地的禪修。這個內在三摩地的禪修如何與中陰相關連？假如我們現在修持三摩地，並不表示我們已經穩定了三摩地。在穩定的三摩地與只是修持三摩地之間，存在著三摩地的障礙——念頭的昏沈與掉舉。帶著昏沈與掉舉，是不可能增長真正的三摩地。假如吾人不受昏沈與掉舉的控制，吾人就能夠增長真正的三摩地。

何謂昏沈？當心太向內集中時，我們開始覺得昏昏欲睡，我們的五根變得麻木，假如我們想要觀想某些東西，卻做不到。何謂掉舉？當心太向內集中時，假如我們試著控制五根的概念，卻做不到。我們

沒辦法專注，心有太多的念頭，被這些念頭分心了。假如我們試著要以正念和覺知來調伏心，也做不到。我們的氣變得不平和，心間會不太舒坦。假如我們能去除昏沈和掉舉的毛病，就能增長真正的三摩地。假如我們迷失在昏沈和掉舉之中，就不可能增長真正的三摩地。

　　覺察並試著控制我們的念頭是非常重要的；否則，我們會徹底迷失在念頭之中並發狂。控制我們的起心動念並試著找到明性是很重要的，這樣念頭的現起會慢下來。在這些持續起心動念當中的間隔，我們稱做中陰。我們不能期望一開始修行就會出現明性。知道發生什麼事並控制飛快的念頭，是很重要的，但我們應該不要被期望與懷疑所影響，我們應該不要落入這些極端中。我們應該倚靠昏沈與掉舉的對治法。沒有人會沒有昏沈和掉舉，凡夫就是這樣。

　　到目前為止，我們都把心糟蹋了，藉著追隨念頭、追隨過往的習氣、歡迎關於降伏敵人與支持親人的未來念頭、想著假如我們做如此這般就會長久快樂、若不做就慘了等等。想太多，我們對完成計畫抱持希望、對做不成拘持恐懼。希望能完成計畫，我們日以繼夜地努力著，甚至不眠不休。假如我們無法完成計畫，就會非常生氣。假如我們想一下截至目前為止所做的一切，有一些已完成的事情做得非常好，讓我們感到快樂和舒服。現在我們想要做如此這般的事情，以便完成如此這般，我們做了更多的計畫，追隨著我們目前的念頭。猶如風吹捲起海上的波濤，海面永不平靜般，帶著這些掉舉，心永遠無法

平靜。

　　要增長三摩地，我們必須去除昏沈和掉舉。要去除昏沈和掉舉，我們必須修持止、心的靜止。假如我們不增長靜止，就無法去除昏沈和掉舉。舉例來說，假如吾人在一個多風的地方點燃一盞油燈，沒有罩上保護的玻璃罩，油燈就會被風吹熄。有了保護的玻璃罩，風就沒辦法把油燈吹熄。一開始，對我們來說要訓練心並覺察到起心動念，是非常困難的。當我們認出起心動念，就知道它們非常頑強。但我們不應該放棄，應該要持之以恒。舉例來說，假如吾人想要馴服一頭野象，吾人需要花時間來訓練牠。吾人應該要非常善巧、總是以中道來訓練牠，不太緊也不太鬆。假如吾人以鐵鉤來控制大象，牠就能被引導著去做任何吾人想要的事。象會坐下、行走、甚至依照吾人想要的而發出聲音。同樣地，當心停滯時，我們應該往上看並要喜悅和快樂；當心狂放時，我們應該往下看，並憶念輪迴的痛苦與無常，且生起出離心。我們應該覺得因追尋這些念頭而浪費時間是多麼地無益，念頭的飛快就會慢下來。然後我們應該持續此修法，試著鼓舞自己。

　　當善巧的工匠在製造金飾時，他必須歷經不同的步驟。他長時間地用各種物質來燒熱黃金、鍛燒、錘鍊等，以改善黃金的質地。同樣地，假如我們以正確的方式來調伏我們的心，就會增長三摩地的不共狀態。現在我們的心並不能夠增長三摩地。雖然我們想要心止息，但卻想著許多念頭，心就像是一隻躁動的猴子，永遠停不下來。像這

樣，我們永遠無法增長三摩地。假如我們不能在心中增長三摩地，就不能產生止的功德。

　　心好比是跛腳的騎士，而氣是瞎眼的野馬。假如跛腳的騎士騎上了瞎眼的野馬，因為馬是瞎的，所以牠看不到路的好壞，也無從分辨要往哪兒去，牠只是往前衝向任何地方。因為他只是往前衝向任何地方，騎士就會從馬背上摔下來。雖然騎士能看到路的好壞，但因為他跛腳，所以無法控制這匹野馬，他無法控制馬的去向。同樣地，我們被困在妄念中。我們的氣就像是野馬，隨著我們的心亂竄，心猶如跛腳的騎士。舉例來說，假如我們對親人執著，因為這種執著，我們的心會變得非常活躍。假如我們對怨敵有瞋心，我們的心就會被揣想著要如何去除怨敵而散亂。因為散亂的過患，貪、瞋、癡的念頭就會自動生起。但假如心被正念與覺知的繩索綁住，就像一隻大象被繩子綁住，就不會到處亂跑。

　　因此，透過正念和覺知，心就能被控制住。何謂正念？當身、語、意都受到控制，就與三摩地相合。假如不是這樣，身、語、意就與三摩地不相合。現在我們不能認出心所做的，不能認出心如何變得昏沈和掉舉。沒有正念和覺知的對治，就沒辦法控制心。看著我們的心，我們就能夠發現心的過患並應用正確的對治。當心昏沈時，我們就能認出此過患，並知道要如何透過正念來去除此昏沈。當心掉舉時，我們能夠認出掉舉並應用正確的對治來去除它，所以我們就能增

長三摩地。覺知一直在分析身與心，看看身、心是否與三摩地相合；覺知猶如一位老師。

　　假如我們同時具有正念和覺知，當心昏沈與掉舉時、只想著世俗之事，我們應該認為世俗的行為沒有實質。我們應該想著直到目前為止，我們一直被困在輪迴的痛苦之中，並了悟從這個角度看來，我們所做的一切是如何徒勞無功。假如心就這樣一直被困住而被糟蹋了，沒辦法從下三道的痛苦中解脫出來。假如心沒被糟蹋，我們的樂與快樂就會增加，就像是聖者的情況。想到這點，我們應該努力療癒自心，在一開始，要控制心非常困難，但慢慢地，當我們嫻熟於這麼做時，就會變得容易些。

　　當我們修持寂靜三摩地時，有三種覺受會現起。第一個是動的覺受，這就像是瀑布從陡峭的山壁傾瀉而下。當水從陡峭的山壁落下，即使運用大力也無法阻止。當吾人起初禪修止（梵文：shamatha）和觀（梵文：vipashyana）時，要控制心是極為困難的，要控制一分鐘甚至一秒鐘都不可能。當吾人散亂時，假如吾人認為不可能控制吾人的心且就這樣放棄，是毫無助益的。

　　假如吾人想要抓住一隻猴子或一匹野馬，吾人得先給牠食物並溫柔以對，以這種方式吾人可以抓住牠。一旦吾人抓住了牠，就可以讓牠做任何吾人想要的事。同樣地，假如我們在心掉舉時想要抓住心，是不可能控制住心的。了知我們的心掉舉，當心並不厭離時，我們應

該要增長出離心和厭離心。當我們覺得厭離，被這種痛苦所馴服，心就會止住。在被痛苦所馴服的狀態中，我們可以增長止和觀。當我們不覺得快樂時，根據往昔的聖者所言，這是增長三摩地的最佳時機。以大精進來修持三摩地，在未來我們就會得到快樂，並且，終會證得不還果。因此我們應該隨喜並振奮自心；在那種狀態下我們可以增長三摩地。

第二個覺受是成就的覺受。是什麼成就？我們達到了與之前相比的一種相當平靜階段。一旦我們了知自心就像是從山壁傾瀉而下的瀑布，我們就不會讓心緊繃，會更容易禪修止和觀。掉舉的力量會減弱。如法地專注在觀想上，我們的心會比之前更為穩定些。即使心可能會昏沈或掉舉，但昏沈與掉舉的力量不會像之前那麼強大。心比較堅強了，因為心更嫻熟於三摩地。一匹馬可能很狂野，但一旦被馴服，假如吾人以韁繩和馬鞍來限制牠，牠就會往我們想要去的任何地方走。同樣地，我們可以稍稍穩定了我們的三摩地，這就叫做成就的覺受，就像是海不被風捲起浪花。

第三種覺受出現在當我們嫻熟三摩地時，當一位瑜伽士得三摩地，即使吾人向他顯示一百件有趣的事，他的心也不會有絲毫的散亂。他可以透過三摩地徹底控制他的心。以三摩地的功德為所依，心不會動搖；即使我們修持三摩地經年累月，心也不會變得昏沈、昏睡、或疲累；即使我們試著利用令人喜愛的事物要讓心掉舉，心也不

會被攪擾，因為心已經變得穩定。心就像是廣大平原上滿佈了各樹種森林的山巒。無論風雨如何飄搖，山也不為所動。

當昏沈現起時要繼續三摩地的修持，我們得振奮心。當掉舉現起，我們以正念和覺知來調伏心。就這樣，我們會獲得穩定。當我們嫻熟如此，與其是我們現在的樣子——珍視自己勝過其他任何人——假如我們禪修菩提心，視一切眾生為我們的父母，捨棄對怨敵的瞋恨與對朋友的執著，我們將會珍愛其他眾生勝過自己。我們不會對別人感到瞋恨或貪執，我們對自己也不會有瞋恨或貪執。當我們嫻熟於三摩地的修持，逐漸就可成為這樣。

當我們已經穩定了禪修，身、心會是安適的；這就像是瞎眼的野馬能夠看到、且跛腳的騎士能夠使用他的雙腳，因此騎士能引導馬沿著正確的道路行走，並小心地避免走向錯誤的地方。同樣地，假如我們已經穩定了三摩地，身、心就會安適，我們就能安住在三摩地許多時日，不會覺得有任何的不適，任何冷或熱的情境出現，我們也不會生病或因此致死。當身、心透過三摩地體驗到樂，我們就能夠騰空，前往任何地方，做任何事情。這種穩定就是正確修持三摩地的果。假如我們沒有穩定三摩地，即使坐在一塊穩穩的木頭上，也沒辦法待在那兒。假如我們穩定了三摩地，就不會被昏沈或掉舉所控制，我們可以想要禪修多久就多久，身、心會是安樂的。這就是禪定中陰的圓滿。

以上就是六種中陰修持的簡要解說。本質上，無論吾人修持六種

中陰的哪一種，主要的利益，是視輪迴如幻概念為實的攀附會止息。假如輪迴的如換概念現起為清淨的顯相，我們已經了知此修持。輪迴迷妄的本性是清淨的，現象是本淨的佛身與本智。但就像某個有眼病的人看月亮，不能見到月亮的美麗和圓滿，因為月亮遠在天邊，假如我們無法認出顯相的本性是清淨的，而抓住清淨的事物為不淨，並攀附此不淨為實，這種攀附為實就是迷妄。對世間事物執著的根本，就來自於攀附其為真實。

　　在天道中，有許多神變的事物，如滿願樹、自生稻、吾人的身體放光以致於吾人毋須日光或月光的照耀、騰空的能力等等。即使如此神變的事物存在，假如吾人執著於它們，被這些貪執所分心，吾人就會流轉在輪迴中，且無法在解脫道上前進。終其一生就這樣散亂著，當死亡來臨，吾人會想到這一生都在散亂中度過並發現極大的痛苦正要開始。舉例來說，知道自己將死的天人，會歷經極大的痛苦[11]；凡夫不會經驗到這麼大的痛苦。為何凡夫不會經驗到這麼大的痛苦？因為天人有不可思議的舒適與奢華，因此他們非常貪執這些。當他們發現在一週內將會死去，且他們知道自己即將投生之處，他們就會經驗到難以忍受的痛苦。假如一個人養尊處優而歷經痛苦，他的痛楚就會比

---

11 譯注：即天人五衰：天衣垢穢、頭上花萎、腋下流汗、身生穢臭、與不樂
　　本座。

總是受苦的人要更為劇烈許多。

　　即使吾人受苦，假如吾人了知空性，就沒有理由不想要那種痛苦。痛苦是增長對輪迴出離與深信業果的因。知道一切顯相無常並了知無常的本質，吾人就會了知佛身與本智的清淨現象。知道顯相的本性，吾人就會了知投射是不淨與如幻的。捨棄幻相，吾人就會認出幻相的本性是清淨的。

　　假如某人發現了看起來黑漆漆的黃金，因為它佈滿了污垢，專家會認出黃金來。他知道假如把黃金擦亮、去除了污垢，這塊黃金就會非常有價值。假如這塊黃金被鍛燒、錘鍊，就會是品質優良的黃金。同樣地，知道不淨的幻相是妄念，以對治為所依，我們能清淨如幻的投射，讓一切的迷妄顯現為智慧。這就叫做迷妄顯現為智慧。當迷妄顯現為智慧，智慧就是佛身與本智的現象，在其中無一不是清淨的。

　　要讓這樣的狀態顯現，行持法教的要點是必要的。要行持要點，我們應該增長對輪迴三界的出離心和厭離心，並迴向我們所積聚的身、語、意任何善業予一切眾生的福祉，而不是把這些善業保留給自己。考慮到沒有眾生不曾是我們的父母，且他們全都被痛苦所折磨，我們應該願他們都能得到我們善業與三摩地力量之根，並應該增長大悲心。我們不應該對自己的修行有任何的慢心或分別心。即使我們沒有獲得修道的一切功德，假如我們非常精進地修行，最終我們定會獲得一切功德。沒有精進，我們不能獲得這些功德。以精進來修持佛

法，我們就會增長信心和虔誠心、悲心、和道上的一切功德。

　　假如我們持續地以身、語、意致力在世俗的行為上，假如我們想這麼做的話，我們可以成功地調伏敵人並支持親友，我們會在一切世俗事務上功成名就。假如有時我們具有企圖心、有時放棄，我們的目的就不會成功。同樣地，要修持佛法，我們也應該持續地努力。

　　即使我們增長了不共的覺受與了悟，我們也不應該對此感到驕傲。假如我們的三摩地被昏沈與掉舉所干擾，我們應該憶念死亡、無常、與輪迴的痛苦。以這種方式，我們會增長勇氣與精進，因此我們無法不感知第六種中陰為三身的清淨顯相。當第六種中陰顯現為三身，不淨被感知為清淨，且受用佛三身的顯相，就沒有任何的痛苦。吾人會在密咒金剛乘修道的果中解脫。

　　這是根據密咒乘寧瑪派傳承而解說的六種中陰。新譯派傳承也有臨終中陰、投生中陰、與生處中陰。舉例來說，那洛六法包括了拙火、幻身、夢瑜伽、明光、遷識、和中陰。假如吾人行持這些修法的要點，這些修法都是相同的。

　　提醒自己有多幸運是很重要的。現在我們有了一個珍貴的人身，並出生在佛法盛行的地方，我們追隨殊勝的上師與法友，並修持聖法；我們能夠修持佛法是極為幸運的，在來生中，我們可能不會這麼幸運。所以我們應該不要浪費這個珍貴的機會，應該現在就修持佛法。一旦我們聽聞了佛法，就應該透過思惟佛法來試著了解佛法。然後假

如我們修持佛法，不可避免地佛法的功德就會在我們的心中增長。如同所云：「聽聞許多法教的徵兆，是吾人應該能控制自己的心。已經做了許多修持的徵兆，是吾人應該沒有煩惱。」

　　我們所談的這一切教訣，都是非常重要與珍貴的。假如我們修持一小時，就能夠在這段時間內增長三摩地。假如你能夠根據這些教訣來修持，是非常好的。

第 四 章

生起次第與
金剛薩埵修持法

　　我們全都進入了佛法的修道，並追隨一位具德上師。我們不僅追隨一位具德上師，也接受了甚深的教訣，並修持了這些教訣，這是極為幸運的。

　　對修持佛法而言，有顯宗的因乘和密咒金剛乘的果乘。現在我們所修持的，是密咒金剛乘的不共法教。在密咒金剛乘中，一旦吾人已透過灌頂而成熟，修持生起次第與圓滿次第是非常重要的。尤其，如法地修持生起次第是極為重要的，因為生起次第是圓滿次第的前行。假如吾人能如法地專注在生起次第的觀想上，在這個狀態中就能成就止。

　　新譯派與寧瑪派傳承的生起次第稍有不同。在寧瑪派傳承的生起次第中，吾人以三三摩地為所依而創造出壇城，並以清淨、圓滿、和成熟來封印之。以本尊的形相做為道上進展之用。假如吾人以形相的清楚觀想為所依，有所進展並去除魔障，在咒語持誦的瑜伽部分也會有所進展。生起次第與圓滿次第都包含在三三摩地中（圓滿次第與如是三摩地相應）。如此一來，透過生起次第，吾人不只會獲得共通成就，也會獲得殊勝成就。

　　生起次第以三三摩地為基礎。舉例來說，假如我們依賴此基礎，修持金剛薩埵的儀軌，持誦咒語：**嗡 瑪哈秀涅達 嘉納 班雜 梭巴瓦 耶瑪果 吭**，意思是：從無始以來，輪迴與涅槃的一切現象皆是空性的無生狀態，這就是如是三摩地。當吾人持誦觀空咒並安住在空性的無分

別狀態中，世界與其內容物的顯相變成了空性。這個如是三摩地運用
了法身佛的體性在道上進展。

「無竭悲心的示現，猶如天空中的彩虹。」這是遍照三摩地。當輪
迴與涅槃的一切現象融入空性中，猶如彩虹般，心沒辦法不覺受到空
性。當空性的覺受生起，我們對未了悟空性的一切眾生生起悲心，「願
一切眾生臻至殊勝金剛薩埵的果位。為此，願我修持金剛薩埵的瑜
伽。」這就是遍照三摩地，與佛的報身相關。

在顯宗的大乘中，空性與悲心的修道是要無二無別地修持的。只
禪修空性，吾人不會證得佛果；只禪修悲心，吾人無法超越世俗之
道。當吾人的修持是空悲不二的狀態時，修行就成為顯宗大乘之道。
密咒金剛乘和顯宗大乘兩者都源自此甚深見。如是三摩地的本性是空
性，而遍照三摩地的本性是大悲心。當我們無別地修持這兩者為智慧
與方便時，誠如所云：「智慧的幻化超越實質，現起為不變的種子字
吽。」

佛智慧密意的體性沒有如柱子或瓶子般的實質，即使沒有實質，
因三摩地卻讓它有可能向弟子顯示出無法顯示者，即超越了語言、思
想、或顯發的不可思議法界。就像天空沒有實體且無法如柱子或瓶子
般被抓取，因三摩地猶如天空中彩虹的顯現。以白色吽字如月亮在空
中現起的形式，來禪修空悲不二的本性，就是因三摩地。因三摩地顯
現出佛殿和本尊的壇城，以化身佛在道上進展。

　　這三三摩地的用意何在？輪迴三界中的眾生被生、死、和中陰的蓋障所迷惑。如是三摩地清淨了死的蓋障，遍照三摩地清淨了中陰的蓋障，以及因三摩地清淨了生的蓋障；所以三三摩地清淨了生、死、和中陰的蓋障。假如吾人修持圓滿次第，就會經驗到樂、明、和無念的狀態。在道上，無念三摩地即如是三摩地，明三摩地是遍照三摩地，而樂三摩地是因三摩地。其果是佛的三身。

　　從**吽**字逐漸化現出五大顯現的各個種子字、護輪、和佛殿。在中央，於獅子寶座上，是一朵蓮花和日、月輪，種子字**吽**從空中降下，放光向諸佛菩薩獻供，並收聚諸佛菩薩身、語、意的加持回來，融入於**吽**字。再次放光到三界的一切眾生，清淨了眾生的業障，然後收攝回到**吽**字，**吽**字轉為一個五股金剛杵。**吽**字是語的面向；**吽**字變成的金剛杵是意的面向，然後這個金剛杵變成金剛薩埵與佛母，這是身的面向。這三金剛的面向應該在生起次第的修持中完備。已經在生起次第觀想自身為本尊，吾人從密嚴淨土（Akanishtha）以吾人所觀想之本尊形相，迎請諸佛菩薩的智慧尊降臨。

　　首先，自觀的本尊稱做誓句尊。為何稱做誓句尊？舉例來說，假如吾人的上師在吾人的面前，且吾人發誓要成就如此這般的善行或做如此這般的修持，吾人不應該破犯這個誓言或三昧耶。破犯誓言會造成墮入地獄之因。假如吾人沒有破犯誓言，而是終生信守，吾人就能獲得共通與殊勝的成就。同樣地，當吾人禪修自己的身、語、意是金

剛薩埵的本性，因為佛的身、語、意與吾人的身、語、意無二無別，吾人就得到一切諸佛身、語、意的加持。這就是諸佛的誓言；因此這個觀想就叫做誓句尊。

現在我們被業和染污所遮蔽，但當我們清淨了不淨的概念並禪修清淨顯相，從吾人的頂輪嗡字、喉輪啊字、心輪吽字放光時，便從密嚴淨土迎請了智慧尊前來。從密嚴淨土迎請而來的諸佛被稱為智慧尊，因為祂們已斷除了一切蓋障、圓俱了一切善妙功德、且圓滿了智慧。因此稱做智慧尊。

為何誓句尊和智慧尊都稱做尊、薩埵（sattva）？因為兩者都發誓要為了一切眾生之故而給予身、語、意的加持，且菩薩永遠不會違背祂們的誓言。因為這是祂們的心誓，所以稱做薩埵（藏文「薩埵」一詞的翻譯是 sempa，意指「勇識」）。

當迎請了智慧尊，融入誓句尊中，誓句尊與智慧尊無二無別地融合，就像是把酵母加入米漿中變成了啤酒，或是把黃金鎏金在泥塑佛像上，成了價值不斐的佛像。當誓句尊與智慧尊變成無二無別時，為了要加持吾人的五蘊與五根成為三座的神聖壇城，吾人從心間放光迎請灌頂本尊。迎請來的五方佛與佛母，賜予灌頂和加持。這猶如將本尊開光，使誓句尊和智慧尊無二無別，於是其加持力變得比之前更為強大。從吾人的心間放出供養天女，向本尊頂禮、獻供、並吟唱讚誦。然後供養天女收攝入心間。在其收攝入心間後，吾人的生起次第

感已然穩固。這就是生起次第的簡要解說。假如吾人禪修自身為金剛薩埵，這就是要觀修的方式。

　　為了要透過生起次第來獲得共通與殊勝的成就，吾人應該結合生起次第與圓滿次第，以使兩者無二無別。為此，以下的三個要素是必要的：清楚觀想細節、憶念細節的涵義（憶念清淨）、與對自身為本尊具有信心（具有佛慢）。

清 楚 觀 想 細 節

　　關於第一要素，我們要如何清楚觀想細節？假如我們對佛的形相有清楚並穩定的觀想，且持續地薰習此觀想，我們的心就會成就止。假如我們要觀想金剛薩埵，首先我們應觀想自身是金剛薩埵的形相，然後我們應該專注在臉部、之後只專注在雙眼、眼睛的顏色、睫毛、眉毛、兩眉之間的白毫宛轉放出五色光、鼻子、嘴巴、紅色的雙唇、耳朵、頭髮、頭冠、頂髻、頭髮的光澤、與珠寶的耳飾等。當一位善巧的畫師在畫佛像時，他先畫臉部：鼻子、雙眼、兩眉之間的白毫宛轉、嘴巴、和耳朵。當臉部的所有細節都完成時，他再畫表情，非常年輕、美妙。然後他畫胸部、下半身、金剛跏趺座的雙腿、五彩絲衣的下裙、絲褲、右手持五股金剛杵於心間、以及左手持鈴在左髖上。

因此善巧的畫師以正確的比例非常清楚地畫出了所有細節，沒有搞混。

雖然形相的細節是以這種方式來觀想，但其本性並非如大地或岩石般堅固。這些細部也不是平的，而是猶如天空中的彩虹般。身體的所有細節都完全地清楚、分明。在身體內沒有血、肉、骨頭，反而，像是搭起的帳棚般。金剛薩埵的形相是非常年輕、迷人的，沒有任何年老或醜陋的徵兆。

已經以這種方式專注於觀想所有細節後，接著我們可以專注在整個形相上。然後我們再觀想所有的細節。在長時間專注地觀想整個形相之後，當心變得昏沈且觀想不清楚時，我們可以再觀想如前所述的細節——眼睛、鼻子、嘴巴、頭上的飾物、耳環、手中的金剛杵等——專注在每項細節上。當我們清楚地觀想了每個細節，形相的本性應該要明亮，猶如月光照耀般。每個細節在顏色、細部上都圓滿，彷彿由非常善巧的畫師所畫出一般。細節的本性是空性，沒有任何固體或特性，顯空不二，就像是一只水晶寶瓶般。

在金剛薩埵的心間是智慧尊。一般來說，忿怒尊會有寂靜的智慧尊、而寂靜尊會有忿怒的智慧尊在心間。舉例來說，普巴金剛有寂靜的金剛薩埵在心間。有時，主尊顯現的基礎是心間的智慧尊。舉例來說，在空行母伊喜‧措嘉的心間是聖度母或金剛亥母。有時，同一佛部會有三種型態的本尊。根據《秘密藏續》的傳承，自觀為金剛薩埵，智慧尊是高度為四指大小的金剛薩埵。此形相沒有任何飾物、裸

身、非常美妙與迷人，手中沒有任何法器。祂一手握在心間、另一手垂放在身側。清楚觀想的這尊，就叫做智慧尊。外在形相的金剛薩埵是誓句尊，以人類做比喻，智慧尊就像是人的意識。

智慧尊的所有細節應該要觀想地非常清楚。在智慧尊的心間是一個豆子般大小的月輪，在月輪上是一個站立的白色五股金剛杵，象徵一切善逝的密意、樂空不二的本性。在這個金剛杵的中央是金剛薩埵的意種子字、一個白色的**吽**字，與本尊的身色相同，從**吽**字放出光與光芒。吾人應該一心專注在此觀想上，這個**吽**字就叫做禪定尊。

所以有三尊：誓句尊、智慧尊、與禪定尊。建立這三尊，就是本尊的勝義生起次第。吾人可以觀想本尊高大如山，有同等比例的佛殿。吾人也可以觀想本尊如自身的大小，或小如腕尺 [12]、手掌、粒米等，任何最適宜的大小。當吾人觀想金剛薩埵一段很長時間之後，生起次第的修持就會變得穩定。

為了要在此修持上進步，吾人應觀想金剛薩埵站立、起身、行走、或吃喝等等，然後再坐下。有時吾人應該觀想本尊大如須彌山，有野獸在其四周徜徉、或在金剛薩埵的鼻尖休息、或在周遭飛繞等等。但這一切不應擾亂金剛薩埵的觀想。有時吾人應該觀想小如芥子，有著非常細緻的所有細節。然後吾人應該再次觀想金剛薩埵如虛

---

12 譯注：腕尺是由手肘至中指尖的長度。

空般廣大，從祂身上的每個毛孔化現出百萬個淨土。祂身上的毛孔沒有變得更大，所有的淨土也沒有變小，就跟佛身上毛孔的大小一致。淨土的大小沒有改變其二十萬、或三十萬平方公里的實際大小。在每個淨土裡，都駐錫了一尊正在向無數弟子傳法的佛，也示現了許多神通，如從空中來回飛翔、入定等。這一切都維持在金剛薩埵身上每個毛孔的觀想上。然後吾人再次把觀想帶回自己覺得適合的觀想大小上。

在專注於三摩地一段長時間之後，假如我們覺得疲倦、想睡、無聊、或昏沈，我們應該把眼睛注視著虛空，好讓金剛薩埵的形相再度變得清晰。我們應該憶念往昔禪修金剛薩埵的聖者傳記以及他們成就之果，並生起極大的喜悅。我們應該思惟佛法的義理。假如我們有太多的念頭而無法觀想，我們應該一心專注在金剛薩埵心間**吽**字的觀想上，也就是無相之止的觀修。

假如我們想要修持有相之止，可以畫一個白色的**吽**字在一塊方形布或一張方形紙上，把它放在你的正前方，一心專注在此上面，不讓念頭追隨其他任何事物。假如有嘈雜的聲音或是有人走來走去，不要注視他們或跟他們講話，而是只專注在**吽**字上。假如我們能清楚地注視著**吽**字，當我們閉上眼睛時就能非常清楚地看見**吽**字。同樣地，我們可以擺一張金剛薩埵的畫像在我們的前方，並專注在其上。一段時日之後，我們閉上眼睛也能夠非常清晰地見到金剛薩埵。假如我們在心間觀想這樣的形象，我們紛亂的念頭就能被止息。

假如我們既不昏沈也不掉舉，而是在清楚觀想的狀態中，我們就能保持毋須吃喝一整天。以這種方式禪修，我們就會能夠使修持穩定。即使我們的修行還不到這種穩定且尚未得到穩定的徵兆，只是專注在佛之形相也有極大利益。舉例來說，假如一個發脾氣且哭鬧著的小孩，看到了佛的形象並獻上他手中的一朵花，藉由此舉動他締造了直接的關連，在未來他將追隨此佛。由於佛行事業不可思議，我們應該認為只要注視著佛的形相就會有莫大利益。

至於金剛薩埵，帶著業與染污的眾生，有著罪過與蓋障，但只要聽聞金剛薩埵的名號並想到此名號，就會清淨這些罪障。一切無盡的壇城都從金剛薩埵化現。在新譯派的傳承中，時輪金剛、勝樂金剛、喜金剛等等，全都是從金剛薩埵化現的。在寧瑪派的傳承中，清淨嘿嚕嘎（Yangdak Heruka）、普巴金剛等等，全都是從金剛薩埵化現。因為金剛薩埵是一切佛部的怙主，只專注在金剛薩埵的形相上，就等於是專注在一切諸佛的形相上。這個沒有昏沈與掉舉過失的一心專注，將會在我們心中增長三摩地。在密咒金剛乘的密續四部中，沒有一本典籍沒有金剛薩埵的名號，所以吾人應該對能夠修持此法，培養出一種極大喜悅之情。這樣吾人就能夠增長修持三摩地的能力。假如心變得太過掉舉，我們應該一再地專注於唐卡上，然後當我們閉上眼睛，唐卡上的形象應該能清晰地顯現。

同樣，在觀想我們自身為金剛薩埵時，假如我們禪修一段很長的

時間，將能夠極為清楚地觀想每個細節，並感覺本尊的俱在。在第一階段，其觀想是心念的對境；假如我們長時間地修持生起次第，首先心會認為我們是金剛薩埵——身體的顏色是白色、手握金剛杵與鈴，坐擁佛母金剛慢母（Vajratopa），佛母身色也是白色等等。這一切都會極為清晰地顯現在心中。這個階段叫做心念對境的觀想：在此階段，對境在我們的心念中變得清晰。

在第二階段，其觀想是感官的對境，持續這樣薰習，吾人會真正轉變為金剛薩埵，並能非常清楚地見到與感覺到。以自身為金剛薩埵的信心、即本尊佛慢為所依，專注在吾人自己的身體上，吾人就能真正地轉變為金剛薩埵。

在最後的階段，其觀想是身形的顯相，身體顯現為本尊。假如有一位專精於此修持的上師，具有虔誠心的弟子會感知到上師就是金剛薩埵。身相確實顯現為本尊，這就是此修持的果。完成這三個階段，吾人就圓滿了細節的清楚觀想。

假如吾人修持直到圓滿了這三個階段，觀想佛之形相的福德就會是無量的。成就止是三摩地的最佳基礎，至於持誦金剛薩埵密咒的利益，以口來持誦咒語和透過心的三摩地來觀想，這兩者之間是毫無差別的，因此吾人應該認定此修持有極大的利益。在此結束了第一個主題、清楚觀想細節的討論。

憶念細節的涵義

單單觀想本尊的形相，稱做粗的或共的生起次第（沒有三三摩地）。透過佛的身色與法器，內的、意的功德示現在外，以便教化眾生。因此我們感知到寂靜與忿怒的顯相，這並非共的形相。只是非常清楚地觀想形相，並不會引領我們到解脫的狀態。為了要肯定我們所觀想的形相並非共的形相，我們必須憶念其涵義。

我們要如何憶念其涵義？舉例來說，金剛薩埵具有一面，象徵在空性的自性中，一切輪迴與涅槃的現象是一體的。沒有所謂輪迴的空性與涅槃的空性，它們是一體的。輪迴空性的本性圓俱一切無所緣的功德，而涅槃空性的本性也同樣圓俱了一切無所緣的功德。金剛薩埵具有一面，象徵了輪迴與涅槃的本性超越了取和捨。

雖然已經證得了果的境界，佛身兼具了法身與色身。堅持不懈於證悟道上時，有兩種福德的積聚：有分別福德的積聚與無分別福德的積聚。當一開始增長菩提心時，有兩個要素：大悲心的方便與空性的般若。這就是金剛薩埵二臂所象徵的涵義。

金剛薩埵的白色身色，象徵了祂的身、語、意完全免除了任何蓋障。為了信眾的緣故，祂的身超越了死亡與無常。祂並沒有如同諸佛般進入涅槃，而是以一個非常年輕與美妙的身體一直常住著，離於生、死。

金剛薩埵有二腿，象徵著祂直接與間接地行持寂靜事業如轉法輪，以及忿怒事業如誅除事業以教化眾生。無論佛示現了多少佛行，為了利益眾生之故而在三界中出生——有時顯現為一個在家人、有時是一位出家僧、有時是一隻野獸、一隻鳥等等——祂都沒有被輪迴三界的任何過失所染污。祂不似聲聞眾與緣覺眾，他們為了自身的證悟而進入涅槃且不能如菩薩般廣大地利益眾生。象徵佛沒有落入輪迴或涅槃的某一端，祂有雙腳並以金剛跏趺坐姿坐著。

祂的右手持著一個黃金的五股金剛杵於心間位置。上面的五股象徵著五方佛，下面的五股象徵著五方佛母。金剛杵的中央象徵無論五方佛與五方佛母以任何形相顯現，祂們都無異於智慧示現的一體體性，所以有一個中央連結著祂們。從顯分的觀點來說，五股金剛杵是非常美妙的；從空分的觀點來說，對於世間財富沒有任何的貪執——五股金剛杵象徵沒有貪執。五股金剛杵顯現為顯空不二的一種象徵，代表了金剛薩埵意的本然智慧，在此顯空是無二無別的，且輪迴與涅槃並未超出金剛薩埵的一體體性，所以祂的右手持金剛杵在心間。

祂的左手持鈴，象徵了般若分。般若的本性是空性。悲心從空性的狀態中顯現，猶如聲音從鈴而出。聲音從鈴而出，但此聲音無具體的存在。同樣地，當從般若界、空性中，佛陀向可教化的眾生示顯了隨宜教化的三乘時，並沒有如「我已經完成了教導眾生佛法的目的」或「我並沒完成教導眾生佛法的目的」這般的概念。關於法教，沒有

時間的概念；上師們永遠為了利益眾生而弘法。左手所持的鈴就象徵了這個涵義。

　　誰具有這種向一切眾生教導佛法的大悲心？金剛薩埵就具有這種大悲心。從佛本性的角度來解說，金剛薩埵沒有顯現任何特質也沒有從法身界中移動絲毫。但為了向可教化的眾生顯示一個形相，法身具備了一切無所緣的功德，如五智、六度等等。這些功德以十三寶飾與五絲衣來象徵。五絲衣是上衣、下裙、與冠帶等。十三寶飾是寶冠、頂髻、耳環、項鍊、臂釧、手環、足鐲、與寶帶等。十三寶飾中的十件象徵了十力，而其中的三件象徵了三身。

　　象徵金剛薩埵的意在樂空不二的智慧境界中如如不動，祂與佛母雙運。象徵佛母的智慧空性，所以佛母裸身而無任何衣著。雖然佛母裸身，但祂有五種骨飾莊嚴，象徵祂超越了與五智的合或離。佛母的右手握著一把鉞刀，右臂環抱著佛父的頸部，象徵斬斷對輪迴三界的貪執之根。祂的左手持著一個盛滿甘露的顱器，這象徵受用著持續不斷的樂空。雖然般若與方便顯現為主尊與佛母的形相，但在究竟本性上，佛父與佛母之間並無任何分別；為了象徵這點，佛父佛母親吻著彼此。

　　從佛父、佛母的身上放出五智與第六智、俱生智的無數光芒，以光身遍滿了無盡淨土。這一切淨土都是金剛薩埵形相的示現，猶如我們的業生身，這形相正是智慧的示現。金剛薩埵的形相住在光界中，

坐在一朵蓮花上，象徵了祂沒有被身、語、意的過失所觸及。在蓮花上有一個月輪，也就是金剛薩埵所坐之處，象徵金剛薩埵持續地以大悲心照看著一切眾生。祂以報身形相顯現，象徵金剛薩埵任運圓滿了一切無所緣的功德。無論其形相如何顯現，都是非常美妙、毫無醜陋可言。即使吾人想要注視其面容許多天，也從不覺得看夠了。祂沒有任何凡俗肉身的徵兆，祂是顯空不二的怙主。

　　這就是吾人應該要憶念所有各個細節如手、腳等涵義的方法。金剛薩埵具有這一切清淨的功德。吾人可能會以為假如吾人觀想自身是具有這些功德的金剛薩埵，吾人在未來就能夠獲得如此功德，且在基的時候並沒有這些功德，在道的時候這些功德既不在也非不在，在果的時候這些功德都在。但並不是這樣。在基的本性中，這些無所緣的功德全都圓滿俱在。在道上，從顯相的觀點而言，這一切無所緣功德的顯現依吾人的概念而異，從空性的觀點而言，這些功德的體性是圓滿的。在果時，這些無所緣功德在所顯與本然上都是圓滿的。總之，一心觀想自身為金剛薩埵、一切諸佛顯現的基礎，吾人應認為自己真的就是金剛薩埵。

　　要闡述佛的功德——十力、四無畏、十八不共法、與所有其他的無所緣功德——吾人觀想外在佛殿，圓滿的裝飾與布置。假如吾人不觀想佛殿，吾人可以只觀想自身是金剛薩埵，在護輪的中央。這樣比較容易觀想，且包含了一切。

　　總之，關於金剛薩埵的一切，直到祂皮膚的毛孔，都闡述了祂的無所緣功德。當吾人保任佛慢，認定沒有一個受制於痛苦的凡俗有所緣肉身，吾人凡俗有所緣肉身的蓋障就會被清淨，就會了悟佛的智慧。假如吾人能像這樣子觀想，肯定吾人具有佛的無所緣智慧身、沒有凡夫的業生身，吾人就會增長對吾人能真正獲得無所緣智慧身的信心。在此結束了第二個主題、憶念涵義或覺知觀想之功德與重要性的討論。

本 尊 的 佛 慢

　　第三個主題是對自身為本尊具有信心，或保任本尊的佛慢。我們並不是要造作不在那兒的某個東西。我們只是要試著見到在我們本性中的事物。觀想大地是黃金，並不會把大地變成黃金。雖然禪修者是個凡夫，但他有如來藏的潛能，在如來藏中一切無所緣的功德都本初俱在，猶如油俱現在芥子中。假如吾人擠壓一粒小小的芥子，吾人將會得到油脂。同樣地，透過清楚觀想細節、憶念其涵義、並保任本尊佛慢，我們非得實證俱現在如來藏中的功德不可。這並不是說雖然現在我們是被業和染污所迷惑的不淨凡夫，但在未來我們可能轉變且成為清淨的。從基的功德觀點而言，勝者金剛薩埵已經窮盡了一切過失

並圓滿了一切功德。一切諸佛樂空不二智慧密意的本性，就是我們自身如來藏的本性。由於這個本性，我們應該保任本尊的佛慢。

如同在談及憶念涵義時的解說，一切諸佛智慧形相顯現為金剛薩埵的形相。金剛薩埵各個部分──祂的面容、雙手、雙腳等等，直到皮膚上的毛孔等──全都遍滿了諸佛的智慧，以利益眾生。即使金剛薩埵身上皮膚的一個毛孔，也能利益眾生，觀想我們的身、語、意是金剛薩埵，將會具有莫大的利益。雖然我們是凡夫和初學者，金剛薩埵的功德卻俱現在我們心的本性中。所以這並不是我們試著要造作我們所沒有的某個東西，我們只是要試著發現我們內在具有的潛能，認定我們的確就是金剛薩埵，我們應該保任本尊的佛慢。

我們應該把本尊佛慢與憶念涵義融合在一起。假如吾人有塊純金，假如把這塊黃金鍛燒、混合了其他物質並打磨，就能加以利用。同樣地，當金剛薩埵本初俱現在吾人心的本然狀態、如來藏之中，假如我們依照生起次第與圓滿次第的許多要點來禪修金剛薩埵、憶念涵義並保任本尊佛慢，如來藏的功德無法不被了悟。在生起次第的觀想過程中不憶念涵義，就像是任由一座金礦不被發掘般。既然無人知曉這座金礦的存在，也就無人可以利用它，所以這塊金礦就會毫無利益可言。假如黃金被某人所發掘，就可被利用。運用如來藏的方法就是修持生起次第。

談到吾人就是金剛薩埵的信心：流轉在輪迴三界的根源就是我

執。假如我們禪修把我執認定是本尊，這並非不淨的我慢，而是變成清淨的佛慢。一旦這個清淨佛慢在心中生起，就毋須對不淨的我慢做任何特定的事，因為我慢已經轉化成清淨佛慢。這就是密咒金剛乘甚深法門的口訣。穩定這個佛慢也會幫助觀想。假如我們以為我們是在觀想自身成為不是自己的某個東西，我們就會不太快樂。假如我們認為我們是在觀想自身成為本來就是自己的某個東西，我們就會增長信心。持續此禪修，我們就會增長生起次第的一切功德。當我們注意到這些功德正在增長時，我們就會獲得我們的確是如此的肯定與信心。

　　金剛薩埵的智慧身是怎樣的？就是遍滿一切淨土的一體身。為了讓一切淨土能示現在金剛薩埵身上的一個毛孔內，並不需要讓毛孔變大或是讓淨土變小；這兩者可以保持它們本來的樣子。舉例來說，當密勒日巴在昆塘（Kungthang）進入一個野生的犛牛角內以躲避冰雹時，這個野生犛牛角並沒有變大，密勒日巴也沒有縮小，但他頗為舒服地待在這個野生犛牛角內。同樣地，在金剛薩埵身上全部的淨土可以形成且顯現出萬物。假如吾人能夠示現這樣的神通，沒有理由要為無數淨土安住在金剛薩埵身上的一個毛孔內而感到不舒服。當根據顯分來解說時，此身是明、猶如彩虹般；當根據空分來解說時，此身沒有實質的血、肉。因為佛身是無所緣的智慧身，無論眾生如何依照其興趣與虔誠心來觀想，都是佛的形相會確實顯現的法門。當我們一想到佛的形相，佛身的加持就會立刻進入我們的心中。因此我們應該保

任本尊的佛慢。

　　當禪修此三摩地時，我們的心可能會變得昏沈或掉舉。假如變得昏沈或空茫，我們應該專注在修行的重要性、金剛薩埵的功德、以及我們可從禪修金剛薩埵而獲得的殊勝與共通成就上，並隨喜之。假如心變得掉舉，我們應該專注在此佛的形相上。即使只有一秒鐘觀想佛的形相，也有莫大的利益。假如我們因美妙的世間形相與事物、娛樂等等而分心，並想要做別的事情，我們就是在浪費時間，從我們的自性中散逸，根本沒有任何的利益可言。專注在金剛薩埵的形相上，會讓我們的智慧心、內在的潛能開展。我們應該要嫺熟觀修很長一段時間，應該要保持我們的正念和覺知。正念指的是認定我們是金剛薩埵，並一直保任佛慢而不忘失。覺知是看著我們是否正在禪修薩埵的形相、功德是否正在我們身上增長。我們應該要重複地檢視自身，而且假如這些功德並沒有增長，我們應該薰習增長功德的法門。假如我們以這種方式修持一段很長的時間，我們的修行就會變得穩定。

持 誦 咒 語

　　當我們的修行變得穩定，假如我們禪修生起次第的空分很長一段時間，而我們的心變得疲累，要在修行上進展，我們得修持誦咒語的

瑜伽。何謂持誦咒語的瑜伽？一般來說，在凡夫身上，身、語、意是分開的事情。身是由血、肉所成的一個形體，語是講話的內容，而意是現起的所有念頭。舉例來說，當我們死去而心進入了中陰，肉身被火化或丟入水中，就沒有語留下的任何東西。佛的身、語、意並不是這樣的，單單是身就能行使語和意的一切事業，單單是語就能行使身和意的一切事業，且單單是意就能行使身和語的一切事業。因為佛的身、語、意是無別的，其中的任一項就能行使其他項的事業。假如一位佛能透過祂的身來利益更多眾生，祂就會顯現祂的身；假如祂能以祂的語來利益更多眾生，祂就會顯現祂的語；假如祂能透過意的加持利益更多眾生，祂就會顯現祂的意。因此，觀想佛身與觀想佛語毫無差別。佛的語就是密咒。

　　舉例來說，現在我們不能真正見到金剛薩埵的形相或認出勝義的金剛薩埵、覺空不二的智慧。即使我們不能認出這點，六字心咒 **嗡 班雜薩埵 吽** 和百字明咒都是金剛薩埵語的神變示現。這咒語是金剛薩埵的顯現，假如我們持誦此咒——舉例來說，假如我們持誦百字明咒二十一遍而沒有散亂——我們的惡行就不會增加並會逐漸窮盡。假如我們以不散亂之心持誦百字明咒一百遍或一百零八遍，縱使我們破犯了三昧耶並犯下五無間重罪，也會清淨這些罪過。六字心咒或百字明密咒都由金剛薩埵所加持。假如吾人聚集了許多藥材，把這些藥材混合在一起，並由上師加持這些藥材，把這些加持過的藥材給眾生，就會

去除他們的疾病和障礙、保護他們、並能消災。同樣地，假如吾人持
誦金剛薩埵的咒語，本尊就以咒語的形式來顯現。

　　我們不應該認為假如我們能真正親見金剛薩埵的形相就太好了，
而僅是持誦金剛薩埵的咒語很容易、也沒什麼了不起。因為金剛薩埵
的確顯現在其咒語中，持誦咒語並加上觀想會有極大的利益。透過持
誦，當我們的蓋障逐漸窮盡時，咒語就會轉變為本尊，我們就能真正
親見金剛薩埵。祂會給予我們授記，我們會證得五種勝觀等等。不可
避免地這樣的成就會自然出現。本尊和咒語不是兩回事，即使咒語是
金剛薩埵的語，吾人也應該認為它就是真正的金剛薩埵。

　　假如我們向如意寶祈請，食物、衣服、和任何我們想要的財富都
會自然現起。同樣地，假如我們一心專注地持誦咒語並禪修三摩地，
即使當我們注視著咒語時，咒語並沒有心，且當咒語被寫下時也無非
是筆畫的形狀而已，但透過持誦此咒語，殊勝和共通的成就都可證得。

　　佛有身、語、意的事業。其中，佛語的事業是帶給眾生最大利益
者。佛語的事業如何是帶給眾生最大的利益？我們的佛、釋迦牟尼
佛，在這世間以其身顯現，但當祂進入涅槃後，祂的身就消失了，所
以我們再也無法與祂的顯分產生關連。但佛的語仍保存在著述中，如
佛經和密續等，所以我們可以研讀祂的法教。假如我們聽聞、思惟、
與禪修這些法教，我們就會知道佛所說的何者當取、何者當捨。假如
我們知道何者當取與何者當捨，這個智慧也就是佛的事業。所以語是

非常重要的。

即使眾生沒有增長信心和虔誠心，但當他們見到六字心咒 **嗡 班雜 薩埵 吽** 且當咒語的念頭在他們的心中生起，就像是種下了證悟的種子。不可避免地他們會在未來與金剛薩埵有關連。假如我們把咒語寫在岩石上或紙上、布上留在某處，有些眾生只是看到這些就會與其締造關連。假如他們正想著：「喔，這可能是以梵文或藏文寫成的咒語。」只是看到這些，他們就締造了強烈的關連。這是因為每個咒字都不是普通的字，而是完全受到加持的，且因為咒語是從證悟者的智慧境界中顯現出來，因此有如此明顯的利益。沒有直接方式來產生關連的眾生，會透過書寫在岩石上或布上或紙上的咒語而自然締造關連。就這樣，一個證悟的種子被種下，不可避免地透過這個種子，金剛薩埵將會照看他們。

往昔有位印度大學者叫做世親（Vasubandhu），他曾念誦九百九十萬卷的典籍。因為他不想中斷念誦，夜晚他就裸身坐在一個裝滿了油的槽中，來淨化他的氣並唸誦典籍。有一次當他正坐在那兒唸誦時，在他的房間裡有隻鴿子，這隻鴿子聽不懂這位大師在唸什麼，但一再地聽到了佛陀法教的聲音。雖然鴿子沒有生起虔誠心，但只是藉由聽到聲音，在這隻鴿子死後，牠就投生為世親大師的弟子，並成為和大師一樣博學的人，他就是著名的班智達安慧（Sthiramati），打從出生起他就能憶念他前世曾經聽聞過的所有佛經。同樣地，假如眾生只是

聽聞了金剛薩埵咒語的聲音，在他們的下一世就會有莫大的利益。

當金剛薩埵的咒語被寫在岩石或懸掛在空中的旗幟上，風會吹過這些咒語，然後被風觸及的任何人就會與金剛薩埵締結了強大的關連，並能從下三道中被解救出來，所以這是一個保護眾生的重要方法。這是以間接方式來產生關連的方法。舉例來說，在生火時，假如我們有煤炭只需要搧風即可，火就會很容易地燃起。同樣地，透過咒語的持誦，我們的業和蓋障就會被清淨。咒語的力量就像是有了生火的煤炭般。

結合觀想和持誦是很重要的。禪修金剛薩埵的形相時也持誦其咒語，有更大的利益。這就像是吾人想要接近某人時，一再地呼喊那個人名字一樣，假如吾人這麼做，到最後那個人就會說：「什麼事？」當送出請求的信給大臣時，假如吾人不只送出一次，而是送出兩次或三次，到最後那位大臣就會回覆。同樣地，當吾人持續地唸誦金剛薩埵的名號，透過持誦的所依，金剛薩埵將會永遠以悲心照看著我們，並賜予我們不共的加持。

有些其他本尊的儀軌有：近、親近、成、和大成的各部分。每個儀軌都有近、成、和事業的部分。對金剛薩埵咒語的持誦來說，專注在由咒鬘所環繞著的種子字**吽**，並持誦 **嗡 班雜薩埵 吽** 或百字明咒，同時一心專注在金剛薩埵身、語、意的觀想上，是近的部分；從咒語放光是親近的部分；當吾人證得殊勝和共通的成就時，吾人便可運用

事業。當吾人禪修自身是金剛薩埵，在心間有種子字和六字心咒順時鐘旋繞，放出不可思議的光芒並遍滿無盡的淨土。當光芒觸及諸佛菩薩的心間時，諸佛菩薩極為歡喜並送出身、語、意的加持，隨著光芒而來，猶如蜂蜜從花朵採蜜般，當光芒融入吾人的身、語、意時，吾人身、語、意的三昧耶破犯就被清淨了；吾人獲得了身、語、意的加持，且吾人所觀想的金剛薩埵變得比之前更為清楚與穩固。

再次地從金剛薩埵的心間放出光芒，遍滿了六道中的眾生。每一道的痛苦，如地獄眾生的冷和熱、餓鬼的飢渴等，都被清淨了。當太陽在天空生起時，陽光的溫暖就融化了冰霜，一切眾生的不淨概念都被從金剛薩埵心間種子字與咒鬘所放出的光所遣除。一切現象應被視為是三金剛的本性：一切的形相是金剛薩埵的淨土與金剛薩埵的形相，雖顯現但其本性為空；一切的聲音是金剛薩埵的咒語；以及一切的念頭是樂空不二的智慧。

以這種方式觀想放出光芒，吾人持誦著六字心咒 **嗡 班雜薩埵 吽**，金剛薩埵意的六度得以圓滿。在持誦百字明時，吾人持誦的是文武百尊的種子字。無論吾人所修持的密咒金剛乘任何本尊，在新譯派或寧瑪派中，沒有一個本尊不與金剛薩埵有關連的。因此金剛薩埵是一切佛部的部主，也顯現出一切諸佛。在這個修持中，近、成、和事業都實現了。舉例來說，在第一階段，透過放光和獻供，我們接近了諸佛菩薩的加持，這是近的部分；成的部分是透過光芒聚集了加持融

入自身而成為與金剛薩埵的身、語、意無二無別；然後，放光到一切
眾生並清淨他們，是事業的部分。在金剛薩埵的修持中，這三個部分
是非常簡單的，但卻包含了一切。

　　在諸佛顯現於其淨土後，當佛行事業圓成時，祂們就住在法身的
境界，其淨土也就消融了。同樣地，吾人觀想金剛薩埵的形相，一心
專注在觀想上，薰習清淨、圓滿、與成熟，並努力地持誦咒語。在每
一座的結行時，外在的世界消融入護輪，護輪消融入佛殿，佛殿消融
入金剛薩埵，佛母也消融入金剛薩埵，金剛薩埵消融入咒鬘，咒鬘消
融入**吽**字，而**吽**字消褪入虛空，猶如彩虹般。之後心有了空性的覺
受。吾人應該安住在那個狀態中一會兒。

　　那就是勝義的金剛薩埵。這是意的部分——既顯且空。當念頭再
次生起時，世界變成了金薩埵的淨土，內容物變成了金剛薩埵的形
相，且一切聲音都變成金剛薩埵的咒語。因此清淨被用來在道上進展。

　　形相是生起次第的手印教授，語的持誦是咒語的教授，而意的禪
定是圓滿次第的教授、勝義的法教。至於顯分，吾人觀想金剛薩埵的
淨土與本尊的形相，淨土與本尊消融入空性的界中。當形相消融入空
性的界中時，是心讓其消融。金剛薩埵並不是用手可觸摸到的形相；
也不是吾人無法看見的某個事物。祂是由心所造的，在祂融回心中
後，當吾人注視著此心，似乎有個東西在那兒。假如吾人問小孩是否
有心存在，小孩會說有。假如吾人要他注視著心性，並看看心是否是

白色、黃色、紅色、藍色、方形、或圓形，他會找不到任何東西。同樣地，當金剛薩埵消融入空性的狀態中，這說明了顯空不二的本性。

心有顯分。因為在身體裡面有個心，我們可以用眼睛看到，用耳朵聽見，用心記憶、喜歡美好的事物並討厭不好的東西。這個會思考的心猶如虛空中的彩虹：不能被雙手觸摸也無法用眼睛看到。即使是大學者也無法解釋要如何禪修心性。在生起次第中認出心性、顯空不二的本性，就叫做明光的瑜伽。

我們並非在製造不在那兒的某個東西。我們所觀想與試著專注在其上的這一切，都在我們的本性中，也就是從那兒開展出來的。顯相的本性並非尋常事物，而應該被認出為空。從空性中，任何事物都能顯現。我們應該要能夠憶念此修行的教訣，致力於細節、憶念這一切細節的涵義、並對我們自身有此內在潛能具有信心。外在的現象應該被了悟為無非是內在的示現。

我們應該對此修持是非常重要的具有信心。金剛薩埵的修持有如此加持力，能自然而然地清淨一切三昧耶的違犯與所有微細和粗重的蓋障。這個三摩地的禪修應該與三勝要結合在一起，三勝要是：菩提心的行持、超越概念的正行、和迴向福德予一切眾生，這是大乘的基礎。僅是憶念金剛薩埵的名號，投生於下三道之門就會被遮止，破犯的三昧耶得以清淨，會證得身、語、意的成就等。在此結束了關於生起次第的簡要教授。

第 五 章

四釘

　　在密咒金剛乘的大乘修道次第中，有生起次第和圓滿次第。從生起次第的修行開始，是很重要的。如同一個人有身、語、意，以及結合了這三者的事業，在生起次第中，也有四種釘：與我們的身做為本尊形相在道上進展相關的修持，是顯相為本尊之釘；與我們的語做為佛語精髓在道上進展相關的，是持誦咒語之釘；與我們的意做為佛的密意在道上進展相關的，是不變見之釘；讓我們的身、語、意與佛的身、語、意無二無別，我們以佛行事業在道上進展，這是事業之釘。這些就是四種釘，是蓮師傳授關於生起次第的不共教訣。

顯 相 為 本 尊 之 釘

　　讓我們談談第一種釘，顯相是本尊。一切現象、世界與其內容物，是由五大所組成的：地、水、火、風、和空。在這五大中，地大固定、水大潤澤、火大帶來溫度、風大移動、且空大遍滿。這些是五大的活動。

　　五 大 的 本 性 是 五 方 佛 母。 地 大 的 本 性 是 佛 眼 佛 母（Buddhalochana）、水大的本性是瑪瑪幾母（Mamaki）、火大的本性是白衣佛母（Pandaravasini）、風大的本性是誓句度母（Samayatara）、和空大的本性是法界自在母（Dhatvishvari）。五方佛母的本性就是五

大的本質，至於五大顯現的樣貌：地大是固定、水大是潮濕、火大是熱、風大是移動、與空大是遍佈。

透過我們的不淨概念，世界和其內容物從五大顯現出來。當世界毀壞時，也是藉由五大所產生的。認出五大是五方佛母的本性，吾人在密咒金剛乘的修道上禪修壇城，有五大和須彌山在底下，在其上方，是佛殿。沒有事物不是由五大的造成的，五大應被認出是五方佛母的示現。

關於世界的內容物、眾生：一切眾生都有五蘊，是色、受、想、行、和識。從不淨、輪迴的觀點來說，這些有所緣、基本的五蘊是一切業和煩惱的基礎；其本性是不淨的。根據密咒金剛乘的修道認出五蘊的清淨時，就是五方佛。色蘊是毗盧遮那佛、受蘊是寶生佛、想蘊是阿彌陀佛、行蘊是不空成就佛、以及識蘊是不動佛。五蘊的本質是五方佛，其顯現的樣貌是五蘊。根據不淨、輪迴的外相看來，這五蘊是一切業和煩惱的基礎，因此是輪迴的基礎。吾人在生起次第時了悟五蘊的本性是五方佛，在廣軌的生起次第修持中，禪修總集了一切佛部的單一本尊，例如總集了一切如來的本尊、金剛薩埵，稱做唯一手印。此手印的淨分是五方佛。從所淨與能淨的觀點來說，吾人能根據五方佛來修持。

細說五方佛，假如被指引了薩埵等，吾人可根據四十二位寂靜尊來修持；吾人也可以根據與身、語、意相關的三佛部來修持。逐步

地，修持可以變得更為繁複，直到文武百尊，當文武百尊的每一部份都顧及時，可以化現一千尊等等。這一切都是五蘊的示現。

當吾人了悟五蘊是五方佛的示現，並清淨了由不淨五蘊所累積的業障和染污，吾人便可增長清淨佛身與淨土的所依；這時身、語、意、功德、和事業便顯現為五方佛。所謂本尊的本性——本尊的體性——便可顯現為一佛部、五佛部、或不可思議的化現。

五蘊是內在的內容物、眾生；而五大是外在的容器、世界。使這兩者之間產生關連的是五根——眼、耳、鼻、舌、和身——以及識。這五根有五塵：色、聲、香、味、和觸。在不淨、輪迴的模式中，這五塵被五根所感知：眼見到色、耳聽到聲、鼻聞香、舌嚐味、和身感覺。依賴這些，識變得執著於美好的事物並對醜陋的對象產生厭惡，就這樣累積了貪、瞋的業。假如吾人談到其究竟本性，識是清淨的八薩埵與其佛母，如在《文武百尊》法中，或是八大菩薩與八位供養天女。從本質的觀點來說，讓五蘊與五大之間產生關連的，是清淨的八位薩埵與其佛母；從事物顯現的觀點來說，讓五蘊與五大之間產生關連的，是不淨的五根。

當五根感知到對象，五蘊就發展。這就是為何它們會成為流轉在輪迴之中的主因、累積了貪與瞋的業。假如吾人能禪修這一切是本尊的本性，吾人就不會迷妄。這並不是說密咒金剛乘的瑜伽士見不到形相、聽不見聲音，而是當他以眼睛見到形相時，沒有貪或瞋，而當他

以耳朵聽到聲音時，沒有關於愉悅或不悅的希望或恐懼。對於這些他沒有任何的攀附。為了要摧毀攀附，吾人應該觀想本尊的形相。當吾人觀想本尊的形相時，吾人應該觀想佛殿的所依、本尊、與護輪。就像是我們世俗之人有個房子住在裡頭，本尊也有個佛殿，在這個佛殿裡就是壇城本尊所駐錫之處。

　　當生起次第的禪修變得穩定時，吾人可以化現出許多主尊和其眷眾。當禪修還未穩定，吾人應該專注在一個本尊的細節上，如金剛薩埵。本質上，假如我們試著去分析我們覺性的無竭顯分，是不會超越圓俱一切殊勝分的空性界的。我們所感知到的外在五大可化為塵土、塵土可化為原子、原子可化為非原子，而非原子可化為空性。假如我們分析空性的智慧，將其分為外在的空性與內在的空性，就有外在空性的五佛母。至於內在的內容物、眾生，舉例來說，在《秘密藏續》中，有容器、內容物、和心相續。在不淨迷妄時，外在的容器是五大，內在的內容物、眾生，是五蘊。當五塵與五蘊關連時，心相續是煩惱、五毒。在清淨分時，容器、五大是五方佛母；而內容物、眾生、五蘊，是五方佛。

　　五根遇到對境時，就生起了識和後續的煩惱、五毒。在世俗諦中，它們被凡夫感知為不淨的，但瑜伽士會知道要如何運用它們。舉例來說，當某個善於尋找寶石的人注視著大地，他會知道哪裡有黃金藏在底下，把黃金從地裡取出，用來做為珠寶或其他用途。當五大和

五蘊現起為五智的示現時，就再也沒有不淨的概念。在密咒金剛乘的修道中，並不會排拒世俗諦，而是將其感知為本尊。輪迴和涅槃被了悟為是相同的。在這種平等與清淨的無分別實相中，沒有捨世俗諦與取勝義諦的二元。實相的取和捨是無二無別的，且顯現為自性的幻化。

要感知這點，吾人必須觀想具有一切莊嚴佛殿的所依。在佛殿中，有本尊的形相。一切本尊形相不應該觀想為是由血、肉所成的某個東西，也非如泥塑佛像或金塑佛像般堅實的某個事物。本尊必須被觀想為如虛空中的彩虹般。

雖然本尊猶如彩虹般，但祂們並非只是沒有潛能的形相，本尊的形相具有潛能，且無礙地能夠行使必須行使的任何事業。祂們不是實體且非不能行動，在本尊身上的毛孔與所有的佛殿都具有證悟境界一切功德的動能。祂們應該被觀想為是遍知智的幻化；即使僅是本尊身上的一個毛孔，也具有行使身、語、意事業的潛能，能教化那些需要被教化的人、宣說佛法、並行使任何有益的其他事業。

吾人應該如前所述地觀想，清楚觀想細節、憶念細節的涵義、並保任本尊佛慢。我們對世界和其內容物所具有的一切物質概念，都會顯現為諸佛之佛身與本尊的清淨幻化。當此概念變得穩固，開始是觀想猶如心念的對境；中間，觀想猶如感官的對境——吾人確實見到自己的身是本尊且所有地方是清淨的淨土；最後，吾人感知身形顯相是本尊——當蓮師傳授《八大教誡》的灌頂給二十五弟子時，他們確實

感知到蓮師是本尊。當這三個觀想的階段都圓滿時，就稱做顯相是本尊之釘。

　　藏文對此的用語是 kyepa lheser。Kye 指的是外在的容器——形成世界的習氣——被視為是淨土；迷妄的習氣所形成的內容物、眾生，被視為本尊的本性；而五毒、煩惱，被視為是本尊的智慧幻化，免於貪、嗔，這就叫做 kyepa lheser。當兩塊木頭被放在一起，吾人可以用一個釘子來接合這兩塊木頭。同樣地，當吾人把世界、其內容物、和煩惱的不淨概念封印為佛身與本智的清淨幻化，雖然吾人捨棄不淨概念直到清淨的佛身與本智生起，事實上這兩者一直是無二無別的。

　　這並不是我們試著造作某個東西。我們只是試著認出世界與其內容物的本性，即本然清淨。舉例來說，假設我們試著要從地底或從海底得到如意寶，當如意寶被取出時，我們就能使用它。只要它還深藏在海底，我們就無法使用它。因此，觀想吾人的五蘊是佛的智慧形相，稱為 kycpa lheser，生起（增長）本尊之釘（繫力）。

持 誦 咒 語 之 釘

　　第二種釘是持誦咒語，加持語為佛之語。雖然是由五大所形成，在形成的過程中，風大是最為重要的。同樣當世界毀壞時，也是由風

大所造成。當構成世界內容物的眾生之身體形成時,是由風大聚集了五大而成,然後風大再使五大消散。死亡時,意識被風大所促使而進入了中陰,並把身體拋諸於後。風大是最有力量的能量;由於風大,心和客體之間才有了交流。當眼睛見到形相、耳朵聽見聲音,吾人認為吾人見到與聽到──在心和客體之間有所交流,這是風大的力量所使然。在最初,眾生從如來藏的法界狀態中落入迷妄,這也是風大的移動所造成的。因為這個移動,眾生落入了執持有個自我的迷妄之中。所以風大是最為強大的。

　　這個風大的特性為何?它是輕與動的。這個風大有兩個面向:不淨的風大,稱做業風;與清淨的智慧風。在不淨業風的狀況下,心被業風所擾動。行為和反應都以此業風為基礎。語也以此業風為基礎。雖然語的聲音沒有形相或顏色,當吾人把吾人的念頭透過語傳達給某人,別人就知道吾人所想的是什麼。這種透過語的交流,是藉由風大所成。沒有比風大更強大的事物了。假如吾人修持風大瑜伽,輪迴迷妄的根本就會被斬斷,吾人就能得到殊勝與共通的成就。

　　這個業風在哪兒?在我們的身體內,有產生貪、嗔的脈。右脈稱做血脈(rasana),是紅色的;左脈稱做精脈(lalana),是白色的。血脈和精脈是二元客體與分別心的脈。當業風進入血脈和精脈,就會讓心有所動。清淨的智慧風在哪兒?在血脈和精脈中間,是中脈(avadhuti),在中脈裡智慧風旋繞著。佛陀法教的所有聲音都從這個

智慧風的脈中開展出來。佛身的脈中含有母音和子音，是佛陀所傳授八萬四千法門的根基，以此智慧風為基礎。

關於我們的身，無論我們做的任何行為，都是以此風、能量為基礎。沒有這個遍佈的能量，我們就無法做任何事。業風裡包含了五大：地、水、火、風、和空。在禪修中，五大的能量有顏色和形狀。地大的能量是黃色、形狀像是四方形；火大的能量是紅色、形狀像是三角形；水大的能量是白色、形狀像是圓形；風大的能量是綠色、形狀像是三角形；而空大的能量是藍色、形狀像是八角形。

在身體的中央，介於心臟和肺之間，是命脈。當能量（氣）進入命脈中，假如命脈盈滿氣且沒有損害，這個人就會長壽；假如命脈中的氣逸失了，不可避免地這個人就會死去，這就叫做持命氣。

遍滿我們全身的氣，讓我們能夠移動四肢；讓我們的眼睛能夠見到形相，即使形相非常遙遠；且讓我們能聽到聲音，就叫做遍行氣。經過我們嘴巴和鼻子所流動的氣，就叫做上行氣。經由我們下面孔洞循環的氣叫做下行氣。然後有平住氣，給身體帶來溫暖。當平住氣的力量衰減時，吾人就不能消化食物且會生病。

這五種氣是事物運作的基礎。內分（關於內容物、或眾生）有十類：五大加上上行氣、下行氣、持命氣、平住氣、和遍行氣等。當佛語被用來在道上進展時，這五種氣就轉為智慧氣。

吾人要如何運用佛語在道上進展？在密咒金剛乘中，當我們持誦

咒語、諸佛的語，這些咒語會止住不淨氣的力量，並加強清淨智慧氣的力量。什麼是這樣的咒語？有三種咒語：無誤因根本咒、緣增長咒、與事業持誦咒。

何謂無誤因根本咒？當在生起次第觀想本尊時，如前所述，透過因三摩地、以本尊的種子字為所依來觀修——舉例來說，金剛薩埵與金剛手菩薩的吽字、文殊菩薩的帝字、毗盧遮那佛的嗡字、觀音菩薩與阿彌陀佛的啥字等等——使佛的形相得以達成。這就是無誤因根本咒。當蓮師來到南瞻部洲以教化眾生時，阿彌陀佛以種子字啥的形相化現其廣大智慧密意於達納郭夏湖（Dhanakosha）中，並從啥字顯現出一位具有相好莊嚴的孺童。這就是無誤因根本咒。

緣增長咒是在觀想佛殿時完成的。這些是咒語，如 斯帕惹那 呸、薩瑪惹那 吽 等，然後本尊開展。舉例來說，當吾人唸道 斯帕惹那 呸，便從種子字放出光芒，然後，當吾人唸道 薩瑪惹那 吽，光芒收聚回來融入吽字中。吽字轉為白色五股金剛杵。當吾人唸誦 嗡 班雜薩埵 阿 時，五股金剛杵成為金剛薩埵的形相。所有這些唸誦都稱做緣增長咒，它們是用來產生（開展）本尊的咒語，這些梵文的咒語都出現在所有的儀軌中。

在事業持誦咒中，吾人持誦咒語，並透過咒語的力量來窮盡業和染污，猶如被火燒盡般。根據密咒金剛乘的說法，佛的智慧以咒語的形式顯現。對咒語有這種動能具有信心是很重要的。舉例來說，嗡 班

雜薩埵 吽 或 **嗡 嘛呢 唄美 吽** 的六字咒語，圓滿了六度，它們具有六度的不可思議功德，被加持成為六字真言。任何持誦這些六字真言的人，會遮止投生於輪迴六道之門。他會清淨六種煩惱或六毒的蓋障，並證得六佛的境界。所以從這個咒語的持誦，會生起不可思議的利益，這是諸佛的智慧俱現在咒語中的徵兆。

我們初學者要以本尊就是咒語的見解來持誦。舉例來說，在勝樂金剛的儀軌中，吾人需要以本尊和咒語無二無別的見解來修持。當我們以這種方式來修持時，雖然目前我們無法親見勝樂金剛、聽聞其語、或前往其淨土，但勝樂金剛的精髓顯現在咒語 **嗡 啥 哈 哈 吽 吽 呸** 的形式之中，假如我們接受了其灌頂，就能夠持誦此咒語。當我們以持誦為所依來觀想時，透過咒語的動能，我們的業障和染污就能被窮盡，咒語便轉為本尊。咒語會轉成殊勝的勝樂金剛，祂會照看著我們。這就是吾人如何證得成就之所在。咒語具有不可思議的力量。在佛的身、語、意之中，其語是最強有力與最活躍的。我在之前已經解說過其原因了。

在持誦的方法中，有所謂的心念持誦。我們觀想自身是勝樂金剛，在心間有種子字**吽**字與咒鬘 **嗡 啥 哈 哈 吽 吽 呸** 旋繞著。當我們專注在咒鬘環繞著種子字時，假如我們觀想每個咒字的旋繞，即使我們沒有用舌頭持誦咒語，也是在持誦。這就是我們所稱的心念持誦。

持誦也可同時結合呼吸。當我們吸入時，觀想吸氣是種子字**嗡**的

形式；當吸氣停在裡面時，我們觀想種子字**啊**；當我們呼氣時，觀想
種子字**吽**。佛之身、語、意的體性、三金剛的本性，是本初俱在的。
假如我們認出佛之身、語、意的本性是本初俱在，當吸氣進入時，有
一個聲音**嗡**；當吸氣停在裡面時，有聲音**啊**；且當呼氣出去時，有聲
音**吽**。當我們自然呼吸時，就這樣一心專注在觀想上，不加以改變，
就稱做金剛誦（dorje depa）。此金剛誦的用意為何？觀想佛之身、
語、意的三金剛以白色種子字**嗡**、紅色種子字**啊**、深藍色種子字**吽**的
形式，認定它們是咒語，並專注在觀想上——這個結合了呼吸的心念
持誦——就稱做金剛誦。佛的智慧、金剛意、無二覺醒的本性，顯現
為三個種子字，且佛之身、語、意的加持進入了吾人身上的相續之
中。當我們了悟了事物本質的本性時，在吸氣時觀想**嗡**字，把吸氣持
住在腹中時觀想**啊**字，且在呼氣時觀想**吽**字，自然地這麼做。猶如金
子被打磨後，其自然的質地顯耀更甚以往，透過這修持，內在的智慧
功德便會自然顯現。

　　吾人也可結合金剛誦與寶瓶氣。關於寶瓶氣，吾人應該了解有四
個教訣：吸氣、盈滿、擴散、和如箭般射出。大成就者那洛巴曾說假
如吾人不以正確的方式行持這四個教訣，修寶瓶氣可能會有危險。首
先，以鼻孔吸氣進入，吾人應觀想種子字**嗡**。其次，在吸入後，吾人
應壓住上面的氣並緊縮下面的氣，所以上、下之氣得以結合；這稱做
猛力寶瓶氣。吾人應一心專注於臍輪下方，當呼吸與動作一致時，心

觀想的專注之處在哪，呼吸就會到哪兒。假如結合（上、下）之氣往上逸出，就會出問題。應該要把氣壓到腹部。吾人應一心專注在臍輪，且當氣息持住在腹部時，吾人應觀想種子字**啊**。吾人一心地做著觀想時腹部充滿了氣，當這兩者無別地融合在一起時，就叫做心氣交融，這是「盈滿」的教訣。

在這個狀態中，假如吾人不能長久地持住結合之氣，經由兩個鼻孔，吾人應再吸入另一次短氣並把氣壓到臍輪。以這種方式吾人可以持氣稍久一些。把在臍輪的氣與新吸入的氣混合，吾人應把腹部往右繞三次、往左繞三次、和在中間繞三次。就這樣，吾人能夠持氣更長些，這就叫做「擴散」。

當吾人再也不能持住氣時，應該經由兩個鼻孔把氣完全呼出，沒有留下任何氣，這就叫做「如箭般射出」。這個射出的箭應該觀想為是**吽**字的本性。吸入的氣應觀想為種子字**嗡**，且在盈滿與擴散時應觀想為種子字**啊**。

以這種方式，金剛誦可以與寶瓶氣結合在一起。假如吾人禪修金剛誦很長一段時間，舉例來說，假如吾人能持氣在腹部達一小時、兩小時、或三小時之久，然後呼出，到最後吾人能夠在整個座上只吸氣一次。就這樣，吾人能夠增長氣的功德。

以語來持誦，吾人以舌與唇為所依，以正確的發音發出咒語的聲音，這叫做口頭持誦。這三種（心念、口頭、與「閉止」）持誦方式的

利益並無差別。金剛誦結合了正確的觀想，對調伏氣和心有特殊的效用，也能延長吾人的壽命並讓氣進入中脈。因此吾人應努力修持金剛誦。當吾人在做金剛誦時，知道咒語和本尊無二無別是非常重要的。如同所云：「咒語是瑜伽女的形式；瑜伽女是咒語的形式。」即使吾人不能真正證得吾人的本尊，當吾人對咒語和本尊相同具有強烈的信心時，吾人就會得到本尊智慧本性的加持。在密咒乘中，成就的來臨是透過信心和虔誠心。假如吾人沒有信心和虔誠心，而只有智識上的想法，吾人就不會證得成就。假如透過虔誠心，吾人認定吾人就是瑜伽女，且透過信心吾人認定自己的業障和染污可以被清淨，就會如此發生。

　　在持誦中，有三個階段；近、成、和事業之行。何謂近？首先吾人應知道關於吾人將要修持之本尊儀軌法教的淵源與歷史，然後吾人應該接受灌頂。假如吾人在接受灌頂之後將要修持此法，吾人應對所要修持之法具有信心。觀想吾人的身是本尊、以吾人的語持誦咒語、並以吾人意的三摩地來專注於觀想，就叫做近。當觀想變得清楚時，從吾人的心間放出光芒向諸佛菩薩獻供，光芒清淨了眾生的蓋障後融入吾人的心間，然後吾人持誦咒語，並觀想咒語從主尊和佛母的口，經由其密處而旋繞；這是成。為何稱做成？舉例來說，假如吾人想要與政府大臣打交道，吾人應先要與其聯絡，這叫做近（nyenpa）；然後，當吾人知道了這位大臣也和他熟悉時，假如吾人想要詢問任何事

情，就可以這麼做，這就是成（druppa）。當吾人非常熟悉這位大臣時，既然他位高權重，他就能給吾人一個官位，且藉由此力量，吾人就能夠完成自己的事；這就是事業之行（lejor）。

在近、成、和事業之行的階段中，一開始最重要的是近。當吾人已經圓滿了近的階段，成是最重要的。當吾人已經都圓滿了近和成的階段，要行持事業就會很容易。假如吾人沒有圓滿近和成的階段，要修持是事業之行是不適合的。在圓滿了近和成的階段後，吾人便能傳授金剛阿闍黎的灌頂、做火供、舉行開光等等，這一切就叫做事業之行。這類的所有事業都必須藉助咒語來完成。

假如吾人具有對咒語和本尊無別的信心而專一持誦咒語，吾人非證得成就不可。假如吾人沒有強烈的信心，且懷疑持誦咒語是否有利益，或相信可能之後會有利益而不是現在，如此懷疑的結果就是咒語的加持將不會進入吾人身上。

在每個咒語中有不同數量的咒字，象徵了不同的事物。舉例來說，金剛上師咒有十二個字，象徵了十二分教。**嗡 班雜薩埵 吽** 的六字象徵六智，**嗡 嘛呢 唄美 吽** 的六字象徵了六度和六智。因此，於持誦咒語時吾人應該一心專注在觀想上，且氣與咒語應該無二無別。當呼吸從嘴巴與鼻孔進、出時，有持誦咒語的聲音，且有觀想上的專一三摩地與對咒語即本尊的信心，於是因和緣就結合在一起。猶如熾熱的陽光照射在乾草上，且吾人把一支放大鏡放在兩者中間，就會立即

引燃乾草。同樣地，如前述三個因素的密不可分是非常重要的。

假如心沒有一心專注在觀想上，即使我們持誦許多咒語，也不會證得本尊的徵兆。假如我們對咒語和本尊無二無別不具信心與信任，我們就不能在密咒乘中獲得成就。因此我們必須如法地持誦咒語，具有本尊和咒語無二無別的信心和虔誠心。以這種方式，我們應該持誦所需的許多咒語，如四十萬遍或一百二十萬遍。我們應持誦咒語中的每個咒字達十萬遍，且再多誦十萬遍以彌補缺失，即金剛上師咒的十二個咒字共持誦一百三十萬遍。因為 **嗡 班雜薩埵 吽** 有六個字，我們就持誦七十萬遍。

持誦也可依照時間、數量、或徵兆來完成。依照時間的持誦，是吾人承諾要修持誦一個月、六個月、或其他時間長度；依照數量的持誦，是吾人持誦儀軌中所提到的咒語數量；依照徵兆的持誦，是吾人持誦直到獲得徵兆為止。當上根器的修行者以與本尊無二無別得到加持而獲得成就時，就毋須倚賴時間或數量。當吾人以這種方式來持誦，吾人迷妄世俗之語的蓋障就會被清淨，且佛之語的加持就會進入吾人的相續之中。吾人會能夠以氣來控制心，不像跛腳的騎士被帶往任何地方去。

當我們圓滿了心念和口頭持誦，我們應該做閉止持誦（止滅持誦）。修寶瓶氣且專注在咒語於心間旋繞著種子字的觀想上，叫做閉止持誦。當持住寶瓶氣，控制了氣的結果，就是心不會落入迷妄之

中。假如瞎眼的野馬被綁住，二元的念頭就會被強力閉止。當我們對觀想本尊感到疲倦時，可以修這個持誦，假如我們一心地修這個持誦的話。當我們對持誦感到疲倦時，可以專注在本尊的觀想上。我們可用這種方式來輪流修這兩者。舉例來說，因為我們的身和語是結合在一起的，我們可以說明自己的念頭並了解其他人所說的內容。假如只有身體而沒有語和意，我們就無法這麼做。知道本尊和咒語是無二無別的，是非常重要的；這是持誦咒語之釘：我們不淨的語與佛的清淨之語融合在一起，所以佛之語的清淨加持會淨除不淨迷妄之語。

不變見之釘

　　第三種釘是不變見之釘（藏文：gongpa mi gyurwe ser），運用心在道上進展。什麼是這個心？輪迴的行為都是由心所造成的，且所有涅槃的行為也是由心所造成。心並不只是一個心；它能被分析為心和心性。假如我們有善念，如信念、虔誠心、和悲心，這是心。假如我們有惡念，如貪、嗔、和癡，這也是心。

　　什麼是心性？因為我們不能認出心的自性，我們就被困在輪迴三界的迷妄之中。不變見之釘就是知道心的自性。要知道心的自性，吾人必須先了解心。假如吾人不分析與檢視心，心似乎就是非常活躍的

某個東西。假如吾人真的把心打開來看，心是沒有形狀、沒有顏色、也沒有實質的。它是不存在的某個東西，其本性是空性。但心不只是空性而已；空性與明性無二無別。

似乎在我們的身體內有個心，既然在身體內有個心，我們就能以眼睛看見並以耳朵聽見。假如有某個愉悅的東西，心就會喜歡它；假如有個不悅的東西，心就會討厭它。這就是在身體內的心。當身與心分離時，這就做死亡。當我們死亡時，這個心會跑到哪裡？心會跑到中陰裡。當心進入中陰中，身體就會被拋下。在被拋下的身體裡，有眼睛但是看不見，有耳朵但是聽不到。雖然這個身體可能被好好地對待，但不會有喜歡；雖然這個身體可能被很壞地對待，但不會有討厭。身體好比是個旅館，而心就是旅客。

當心在身體裡時，身體可以運作。當身和心分離時，猶如截斷了樂器的弦——就不會有任何的樂音發出。同樣地，當身和心分離時，語就不會產生任何的聲音，吾人也會無法說話。

我們要如何檢視這個心？心就是無論如何都在想著所有不同的念頭，如過去、現在、和未來的念頭。有關今天早上的念頭是過去的念頭，今天早上如何已經都過去了。關於今天傍晚的念頭是未來的念頭，我們不知道何時這些未來的事情會發生或如何發生。至於現在的念頭，舉例來說當我正在教授佛法時，專注在法的聲音上，是關於現在的念頭。當所有的弟子聽聞到上師傳授佛法的聲音，思惟這些聲音

的涵義，這就是心。雖然這是心，但這是當下之心。

假如吾人想要以覺知來分析心，我們能檢視、非常清楚地注視著，看看心是否是白色、黃色、或紅色，看看心是否有形狀，其形狀是方的、圓的、或半圓形？假如我們認為心住在身體內，我們應該檢視心住在哪裡：在肉、血液、骨頭、皮膚、肝臟、肺臟裡？假如心住在身體裡，我們應該能夠指出心在哪裡。這就類似於藉由說明他在何處、他是年輕或年老、是男是女等，來指認一個人。我們覺得心就在身體裡的某個地方，但我們卻無法指出心在哪裡。當我們無法決定心在哪裡時，我們可能會認為沒有心。但是，我們所感覺到的就是心；是心感覺到心。除了心之外，沒有能感覺的。

既然是心感覺到心，心卻無法找到心。找不到心就叫做空性。這像是一個空的容器或是虛空嗎？假如吾人把塵土拋向虛空，虛空不會受到影響。假如吾人在虛空中點火，虛空也不會被燒到。同樣地，假如心有形狀或實質，就會被塵土所影響或被火所焚燒。但根本不是這樣。或許我們應該說心並不存在，但心並不像是一個空的容器或虛空般。心是知道一切卻不存在的某個東西。知道一切的那個、那個知道者，有眼、耳、鼻、舌嗎？那個知道在過去所做、知道在未來要做什麼才會快樂、且知道如何會造成不快樂的知道者，那個知道者並沒有眼、耳、鼻、舌。當我們說它並不存在時，認為它並不存在的那個，就叫做心的明分。

　　假如我們要試著分開心的空分和明分，這是不可能的。心的空分就是明。我們要如何分析明空不二的本性？不追隨過去的念頭，不迎接未來的念頭，任由當下之心不加造作，會有一個正念注視著與看著這個不加改變之心散亂與否。假如這個正念被維持而沒有散亂，我們就會認出心的本然狀態（藏文：neluk）。當我們認出這個心的本然狀態，並保任在指認的那個狀態中很長一段時間而沒有造作，就叫做心性（藏文：semnyi）。認出心性就是上師在大手印與大圓滿中所傳授的直指。假如我們沒有認出這個心性，我們只會談到心，說當我們在修持生起次第時，是心在禪修，或說當持誦咒語時，是心在禪修。假如我們終究沒能以對心性的了知來穿透修持，就不會有任何利益。假如我們認出了心性，且在這種狀態中修持生起次第，就會真正得到成就。假如我們在本性的狀態中持誦咒語，加持會更強大許多。這就叫做不變見之釘。

　　即使一位非常善巧的上師試著要描述不變見之釘，也不可能就此了知。一位虔誠的弟子以信心和虔誠心禪修很長一段時間，就會透過他自身的覺受而了知。假如一位上師解說不變見之釘，而吾人就想著心性就是這樣，並不會有所助益。首先吾人應該注視並看著心是否是空的。從空性開始，注視並看著心是怎樣的。雖然心是空的，但只有空嗎？空和明是無二無別的嗎？假如吾人認出明空不二，吾人應該安住在此認出的本性之中。

　　所有輪迴和涅槃的生命都來自於心性。在密咒金剛乘的修道中，透過對上師的信心和虔誠心，心性可被認出。這個心性就是二智的智慧本性，也就是金剛乘本尊的智慧。假如吾人認出這點，就像是認識一位吾人可以信賴的朋友，就會有所裨益。假如吾人認出心性，生起次第和圓滿次第全都含括在其中。沒有不包括在心性中的東西。假如吾人沒有認出心性，吾人就會被輪迴三界所迷惑。假如吾人沒有認出心性，心就會非常活躍地累積貪、瞋的業，並被輪迴所迷惑。假如一匹馬被繩子繫住，牠只能去到繩子容許的範圍內。同樣地，假如吾人已經認出了心性，心就不會迷妄。假如心不迷妄，吾人就會認出無妄的狀態。無妄的狀態就稱做不變見之釘。

　　所有大成就者都具有讓有形事物變無形且顯現出無形事物、在天空飛翔、無礙地穿過岩石等能力。當我們了悟心性、空性時，我們就了悟到一切現象都是以心性的強大能量為基礎，所以我們也能自在地穿透物體而無任何障礙。我們認為天空是虛的所以無法在上面行走，而大地是固定的所以我們能在上面行走，但所有這些概念都是由心所造。假如我們了悟在心性中，大地就像天空一樣是虛的，我們就能如密勒日巴待在天空中且穿越地表而沒有障礙。這就叫做不變見之釘。

　　假如我們把不變見之釘帶入修行之中，禪修本尊與持誦咒語的命根就被掌握住。透過不變見之釘，迷妄之心被清除且無妄的心性被了知。當無妄心性繫住了迷妄之心，即使有起心動念，我們也能認出其

空性，且迷妄之心會回到其自性之中。當一匹馬被繩子所控制住，牠只能去到繩子容許的範圍內。同樣地，當心性開展時，心就不會落入迷妄中。如同大成就者所言，假如我們帶著一隻鴿子上船，把牠放飛到海上，牠就會在海上飛翔，若找不到任何樹木或岩石棲息，牠就會飛回船上。同樣地，雖然心造作了無數過去、現在、未來的念頭，但到最後心非回到其空性的本然狀態不可。

我們要如何知道這個心是空的？今天早上的心現在已不在了；現在之心到了今晚也不在了。誰知道今晚的心會怎樣？試著注視著這個心，我們會感覺到有過去、現在、未來的念頭，假如我們以覺知來分析它們，過去的念頭就像是個死去之人，已經走了。它沒有形體、顏色、或形狀。我們不會知道未來的心會怎麼想——是善念或惡念，誰知道？這個現在正想著的心在哪兒？往裡面看並檢視我們自身，我們會無法找到心。找不到的本性就是空。安住在此本性中而不假造作，並認出安住的本性，就叫做不變見之釘。

行持事業之釘

因為身、語、意是結合的，吾人能夠操持有用的行為，如在田裡工作、營商等等，涉及了身、語、意。假如我們操持有害的行為，如

征戰與降伏敵人，這些也涉及了身、語、意。同樣地，當我們以顯相為本尊之釘禪修自己的身是本尊，以聲音為咒語之釘來持誦咒語，且以不變見之釘了知心性，這種了悟便是任何我們所禪修之本尊的身、語、意。當身、語、意結合在一起，我們可以行使許多事業來利益眾生。舉例來說，釋迦牟尼佛在南瞻部洲顯現祂的身，祂的語轉動法輪，祂的意引領眾生走上解脫道。因此他行使了十二行。蓮師也在十二個月中示現了十二行。

現在，在禪修自身為本尊時，我們運用佛陀之行在道上進展。運用佛陀之行在道上進展，我們觀想自身為本尊，在心間有種子字與咒鬘，透過放出光芒清淨蓋障與疾病、增長壽命與福德、調伏那些需要被調伏者、且摧毀怨敵與障礙[13]，來開展不變見之釘，並在三摩地的狀態中修觀想，我們結合了不變見之釘與三摩地。這是僅藉三摩地的禪修來成就，就叫做緣起的力量。

當物質、咒語、和法藥結合在一起，就自然會有不可思議的潛能（在此指的是某些特殊法藥，如能讓吾人見到地下寶石的一種眼藥膏）。就像西方的小玩意由各種物質的潛能所製成，當透過火供、息災、或灌頂來行使息、增、懷、誅等事業時，假如物質、手印、與三

---

13 譯注：清淨蓋障與疾病、增長壽命與福德、調伏與懷愛、且摧毀怨敵與障礙，即息、增、懷、誅四種事業。

摩地結合在一起，利益就會強大許多。當一個人禪修身為本尊、語為咒語、且意為法性的幻化，假如他行使息災、治病、去除染污、賜予長壽灌頂、或修長壽法，這就叫做行持事業之釘。當佛行事業與吾人身、語、意的行為無二無別時，透過清淨的佛行事業，吾人不淨的行為轉變成清淨的事業；這就是第四種釘。假如我們能這麼修持，如蓮師所言，這就會是獲得殊勝成就的無誤之因。因此，假如我們行持不變見之釘，就不可能不獲得解脫。

假如你聽聞我所傳授的這些法教，藉由思惟這些法教而了解，並與你的修行結合，你就會逐漸獲得徵兆。請牢記這點。

頂果・欽哲之友與雪謙寺
簡介

　　頂果‧欽哲之友（Dilgo Khyentse Fellowship）是一個非營利組織，專為延續頂果‧欽哲仁波切的精神、文化遺續。與其隸屬的全球雪謙分部，保存與促進藏傳佛教子民的獨特文化傳承。

　　在冉江仁波切的指導之下，雪謙寺提供了佛學、禪修、與神聖藝術的真正教育給超過一千名的兒童與僧尼。其組織包括了寺院、尼院、佛學院、和閉關中心等，遍及尼泊爾、印度、不丹、與西藏等地。

　　雪謙西藏傳統藝術學院（也稱為慈仁藝術學校，Tsering Art School）訓練學生學習西藏東部的傳統繪畫與手藝，雪謙文獻（Shechen Archive）保存了珍貴的西藏書籍、照片、和藝術品，而雪謙出版負責再製與出版現存的典籍與譯本。

　　頂果‧欽哲仁波切的慈善事業則透過雪謙方便事業（Karuna-Shechen）所督導的人道計畫來進展，包括了雪謙醫療診所（Shechen Medical Clinics）和在尼泊爾與印度等地進行的社會救助。

　　頂果‧欽哲之友的工作，來自私人捐贈、功德主計畫、與基金會等贊助，詳細資料請詳見以下網站：www.shechen.org。

重建尼泊爾雪謙寺——延續愛與慈悲

　　2015 年的大地震，震毀了尼泊爾多處家園，位於首都加德滿都雪謙寺的 500 多名僧侶在 揚希仁波切及給色祖古的帶領下，義不容辭的全力動員，投入救災救護工作，日以繼夜地撫慰災民的心靈。

　　於此同時，尼泊爾雪謙寺也受到了強震的摧殘，多處損毀、牆壁地板龜裂、樑柱結構損傷，專家們評估後，已將雪謙寺大殿及部份樓房列為『危險級建築』，未來將需龐大的整修及重建工程。

　　尼泊爾雪謙寺是 1980 年在頂果欽哲法王監督下，投入最大心血所打造的寺院，每一個細節、每一處角落、每一塊磚瓦、每一幅壁畫，都充滿了法王為延續佛法精神所注入的愛與慈悲。在如此艱困的時期裡，我們非常需要您能伸出援手，衷心期盼您的涓滴成河，得以讓尼泊爾雪謙寺的重建工程能順利進行，讓它恢復往昔的光采輝煌，繼續成為人們心靈庇護與佛法教育的重要殿堂。

寺廟與佛塔能為地方眾生帶來安樂、吉祥的環境，降服一切負面力量，行供養協助廟宇的重建，將為自己與他人帶來無限利益。

【護持方式】

戶名：高雄市顯密寧瑪巴雪謙佛學會

郵政劃撥帳號：42229736（劃撥者請註明 " 賑災 " 及地址電話）

郵局帳號：00411100538261　　ATM 轉帳郵局代碼 700

銀行轉帳：兆豐銀行 017（三民分行）

銀行帳號：040-09-02002-1

劃撥者請註明贊助項目及地址電話，轉帳或匯款請用 e-mail 或傳真告知後 5 碼及姓名地址，方便郵寄可報稅收據。

台灣雪謙寺的法脈傳承
歡迎您的加入與支持

　　雪謙法脈在台灣的佛學教育主要由堪布負責，堪布即為佛學博士，須在　雪謙冉江仁波切座下接受嚴格指導和正統佛學教育，並完成研習佛教經典、歷史以及辯經的九年佛學課程，對顯教密咒乘的典籍，都有妥善的聽聞學習完畢，其法教傳承實為珍貴難得。

　　目前尊貴的　雪謙冉江仁波切分別指派堪布　烏金徹林及堪布　耶謝沃竹來擔任高雄及台北佛學中心之常駐，負責中心的發展。

　　二處佛學中心所要傳遞給世人的是源自諸佛菩薩、蓮花生大士乃至頂果欽哲仁波切以來，極為清淨之雪謙傳承教法，而本教法的精神所在，也在教導世人如何學習並俱足真正的慈悲與智慧。秉持著這樣殊勝的傳承精神，佛學中心在二位堪布的帶領下，以多元的方式來傳遞佛陀的教法，期盼由此可以讓諸佛菩薩無盡的慈悲與智慧深植人心，帶領一切有情眾生脫離輪迴苦海。

　　台灣雪謙佛學中心是所有對　頂果欽哲法王及　雪謙冉江仁波切有信心的法友們的家，對於初次接觸藏傳佛教的信眾，不論任何教派，也非常樂意提供諮詢建議，期許所有入門者皆可建立起正知見及正確的修行次第。二位常駐堪布規

劃一系列佛法教育及實修課程，由此進一步開展雪謙傳承教法予台灣的信眾們，讓所有人都有機會親近及學習頂果法王的教法。

　　目前台北及高雄固定的共修活動有：前行法教授、文殊修法、綠度母共修、蓮師薈供、空行母薈供、………，也不定期舉辦煙供、火供、除障、超度…等法會。

　　我們竭誠歡迎佛弟子們隨時回來禮佛並參與共修及各項活動。

護持佛事，成就自他

　　尼泊爾及不丹雪謙寺均由尊貴的頂果法王所創辦，印度雪謙寺則由尊貴的冉江仁波切繼承法王遺願所完成，目前約有五百多名前來各地雪謙寺接受佛學院、

　　閉關中心、唐卡藝術等完整佛學教育的僧尼。我們需要您的協助來支持所有僧尼們在食、衣、住、醫療等方面的開銷，使他們得以順利繼承豐富的傳統文化及殊勝的法脈傳承。

　　每年各雪謙寺都有新舊設施之成立與修建工程、年度各法會活動與盛典持續在進行，這些活動均需要您的力量才能圓滿完成！

　　若您願意隨喜發心護持以下佛事，我們衷心感謝！

一、護持寺院建設：每年需約 NT 50,00000

　　（1）印度斯拉瓦斯帝（舍衛國）將興建容納約五百人之佛學院

　　（2）印度八大佛塔的興建與維護

　　（3）不丹阿尼寺閉關房的重建

　　（4）雪謙醫療診所的營運

二、護持寺院活動：每年需約 NT 30,00000

　　（1）僧尼教育基金

　　（2）印度、尼泊爾、不丹聖地點燈

　　（3）結夏安居齋僧

　　（4）年度竹千法會

您可循下列方式捐助善款，並與我們聯繫！

郵局劃撥帳號：42229736

郵局帳號：00411100538261　　ATM 轉帳郵局代碼 700

帳戶名稱：高雄市顯密寧瑪巴雪謙佛學會

ATM 轉帳：兆豐銀行 017（三民分行）

銀行帳號：040-09-02002-1

帳戶名稱：高雄市顯密寧瑪巴雪謙佛學會

地　　　址：高雄市三民區中華二路 363 號 9F-3

聯　絡　人：0919-613802（張師兄）

電　　　話：（07）3132823

傳　　　真：（07）3132830

E - m a i l：shechen.ks@msa.hinet.net

網　　　站：http://www.shechen.org.tw

您的善心終將涓滴成河，使雪謙傳承得以成就更多佛事，圓滿更多利他事業！

頂果法王心意伏藏

實修入門講座報名表

　　從最初的四轉心到上師瑜珈乃至三根本大圓滿法密乘法門是需要循序漸進的學習與實修，臺灣雪謙中心將對 頂果欽哲法王所取出的心意伏藏－「貝瑪寧體」展開一系列由淺入深，由外至密的課教授，內容依次第包含了從初階的四加行、中階的上師相應法、高階的三根本至密階的大圓滿法。

　　◎目前將由中心勘布烏金徹林對「實修入門」－四加行的前行教授開始。第一階段課程內容包含了從基礎的七支坐法、語加持、九節佛風、皈依發心、大禮拜到金剛薩埵百字明觀修。

　　教授堪布：雪謙高雄常駐——堪布烏金徹林於本課程教授中再再慈悲叮嚀：「頂果法王的教言中一再提到前行法的重要性，如同建造房屋的地基，地基穩固的重要性是無庸置疑。前行實修對於入門的修行者是非常重要的，而修持前行之目的，不僅僅能為自身累積福德資糧，更能使行者自心清淨，調伏安忍情緒，堅定正知正念，為成佛證悟之道奠下穩固的基礎。」

姓名：　　　　　　　　　　　　已皈依：□是　□否

電話：　　　　　　　　　　　　性　別：□男　□女

住址：

講座地點：高雄－高雄市三民區中華二路 363 號 9F-3（高雄中心）

　　　　　　台中－台中全德佛教文物

　　　　　　　　台中市西區英才路 583 號

　　　　　　台北－台北市中山區龍江路 352 號 4 樓（台北中心）

開課日期：高雄每月第一個星期日上午 10：00

　　　　　　台中每月第二個星期六下午 02：00

　　　　　　台北每月第二個星期日上午 10：00

報名傳真：07-3132830

報名 mail：shechen.ks@msa.hinet.net　　http://www.shechen.org.tw

報名電話：07-3132823　　　0919613802（張師兄）

修行百頌

項慧齡 譯
定價：260 元

《修行百頌》是十一世紀的偉大學者帕當巴‧桑傑的心靈證言，由頂果欽哲法王加以論釋，意義深奧又簡明易懂。

覺醒的勇氣

賴聲川 譯
定價：220 元

本書是頂果欽哲法王針對「修心七要」所做的論著。「修心七要」是西藏佛教所有修持法門的核心。

如意寶

丁乃竺 譯
定價：260 元

依著第十八世紀聖者持明吉美林巴所撰述的上師相應法之修持教義，頂果欽哲法王在本書中，著重於傳授上師相應法的虔誠心修行，也就是與上師的覺醒心合而為一。

你可以更慈悲

項慧齡 譯
定價：350 元

本書是法王頂果‧欽哲仁波切針對藏傳佛教最受尊崇的法典「菩薩三十七種修行之道」所做的論釋。

證悟者的心要寶藏

（嗡嘛呢唄美吽）

劉婉俐 譯
定價：280 元

在本書中以特別易懂、易修的方式，陳述了完整的學佛之道：從最基礎的發心開始，臻至超越了心智概念所及對究竟真理的直接體悟。

成佛之道

楊書婷 譯
定價：250 元

本書是頂果欽哲法王針對蔣揚‧欽哲‧旺波上師所撰的金剛乘前行法之重要修持加以闡述，明示了金剛乘修持的心要。

明月：

頂果欽哲法王自傳與訪談錄

劉婉俐 譯
定價：650 元

本書分為兩大部分：第一篇是頂果‧欽哲仁波切親自撰寫的自傳，第二篇為仁波切的主要弟子的訪談記事。是深入了解頂果法王生平、修學過程與偉大佛行事業的重要文獻與第一手資料，值得大家珍藏、典閱與研學。

明示甚深道：

《自生蓮花心髓》前行釋論

劉婉俐 譯
定價：300 元

本書是頂果欽哲仁波切主要的心意伏藏之一，從前行法直到最高階修法的大圓滿，此書是前行的珍貴講解。

醒心

米滂仁波切 原著
頂果欽哲法王 賴錄
張昆晟 譯
定價：250 元

本書分為三段，第一部為主題，前譯寧瑪的巨擘「文殊怙主　米滂仁波切」寫在《釋尊廣傳‧白蓮花》裡的修法，講述透過釋尊身相而修習止觀的瑜伽法門；第二部，具體觀想、祈禱釋尊的方法──〈釋尊儀軌‧加持寶庫〉；第三部是兩則〈釋尊讚〉。

本淨

《椎擊三要》口訣教授

頂果‧欽哲法王 講授
劉婉俐 譯
定價：300 元

頂果法王親述的《椎擊三要》法教，曉暢易懂，卻又櫛次謹嚴、深廣奧妙，實是大圓滿法行者在聞、思、修中的必備法炬。

淨相

金剛乘修行的生起次第與圓滿次第

頂果‧欽哲法王 講授
劉婉俐 譯
定價：300 元

頂果法王依序解說了金剛乘生起次第與圓滿次第的要點，包括：生起次第的基礎與前行──灌頂的類別、內容、和涵義。

遇見‧巴楚仁波切

巴楚仁波切
Patrul Rinpoche 著
定價：200 元

本書以一位年輕人和一位老人之間的對話形式來撰寫。充滿智慧的老者讓年輕人狂野的心平靜下來，並帶領著年輕人進入道德倫常的優美境界之中。

大藥：
戰勝視一切為真的處方

雪謙‧冉江仁波切
Shechen Rabjam Rinpoche 著
定價：250 元

本書探索菩提心的根基、慈悲的內在運作、空性的見地，以及實際將這些了解應用於修道的方法。

西藏精神—頂果欽哲法王傳
（精裝版）

馬修‧李卡德 著
賴聲川 編譯
定價：650 元

頂果欽哲法王是一位眾所周知的大成就者，與其接觸者無不為其慈悲和智慧所攝受，隨著法王的心進去了佛心。

邁向證悟
藏密大師的心要建言

馬修‧李卡德 著
項慧齡 譯
定價：450 元

頂果‧欽哲仁波切曾對李卡德說：「當我們欣賞領會八大傳統的見地之深度，並且了解它們全都不相互抵觸地殊途同歸時，我們心想：『只有無明會使我們採取分派之見。』」這席話激發李卡德編纂這本文集。

西藏精神—頂果欽哲法王傳
（DVD）
定價：380 元

第一單元由賴聲川 中文口述
第二單元由李察基爾 英文口述

揚希—轉世只是開始
（DVD）
定價：500 元

甫一出生，我就繼承欽哲仁波切的法炬；
現在，該是我延續傳燈的時候了。

明月：瞥見頂果‧欽哲仁波切
（DVD）
定價：380 元

導演 涅瓊‧秋寧仁波切

祈請：頂果欽法王祈請文
（CD）
定價：300 元

此為 頂果欽哲法王祈請文，由寧瑪巴雪謙傳承上師——雪謙冉江仁波切 唱頌

憶念：頂果仁波切（CD）
定價：300 元

在 2010 年 頂果欽哲法王百歲冥誕，雪謙冉江仁波切為憶念法王，所填寫的詞，由阿尼雀韻卓瑪等唱頌，在這虔誠的歌曲聲中，再再融入法王遍在的慈悲和智慧。（內附音譯、中藏文歌詞）

頂果欽哲法王文選 12

淨相
金剛乘修行的生起次第與圓滿次第

國家圖書館出版品預行編目資料

淨相：金剛乘修行的生起次第與圓滿次第 / 頂
果．欽哲法王講授；那瀾陀翻譯小組輯錄；劉婉俐
中譯 .-- 初版 .-- 高雄市：雪謙文化, 2017.10
　面；　公分 .--（頂果欽哲法王文選；12）
譯自：Pure Appearance
ISBN 978-986-90066-4-4（平裝）

1. 藏傳佛教 2. 佛教修持

226.965　　　　　　　　　　　　　　106018318

講　　授	頂果·欽哲法王
輯　　錄	那瀾陀翻譯小組
中　　譯	劉婉俐
發 行 人	張滇恩，葉勇瀅
出　　版	雪謙文化出版社

　　　　　戶名：雪謙文化出版社

　　　　　銀行帳號：兆豐國際商業銀行　三民分行（代碼 017）040-090-20458

　　　　　劃撥帳號：42305969

　　　　　http://www.shechen.org.tw　e-mail：shechen.ks@msa.hinet.net

　　　　　手機：0963-912316　傳真：02-2917-6058

台灣雪謙佛學中心

高雄中心　高雄市三民區中華二路 363 號 9F-3

　　　　　電話：07-313-2823　傳真：07-313-2830

台北中心　台北市龍江路 352 號 4 樓

　　　　　電話：02-2516-0882　傳真：02-2516-0892

行銷代理　紅螞蟻圖書有限公司

　　　　　地址：台北市內湖區舊宗路 2 段 121 巷 28、32 號 4 樓

　　　　　電話：02-27953656　傳真：02-27954100

印刷製版：中原造像股份有限公司

初版一刷：2017 年 11 月

初版三刷：2022 年 11 月

ISBN：978-986-90066-4-4（平裝）

定價：新臺幣 300 元